Reinhard Körner OCD
»Liebst du mich?«

Reinhard Körner OCD

»Liebst du mich?«

Impulse für eine *Not*-wendende Hirtenspiritualität

Die Deutsche Bibliothek - CIP-Einheitsaufnahme

Körner, Reinhard: „Liebst du mich?" :
Impulse für eine Not-wendende Hirtenspiritualität /
Reinhard Körner. - 2. Aufl. - Leipzig : Benno-Verl., 1997
ISBN 3-7462-1150-6

© St. Benno Buch- und Zeitschriften-
verlagsgesellschaft mbH Leipzig

2. Auflage 1997
Druck: Tiskárny Vimperk
Satz: St. Benno-Verlag, Leipzig
Umschlagbild: Duccio di Buoninsegna,
Erscheinung am See von Tiberias
Umschlaggestaltung: Matthias Dittmann

Inhalt

Vorwort 7

Unsere Schulden 9

Hirtenspiritualität
Alte Erfahrungen für eine neue Zeit 15

Gott-Vergessenheit
»Kryptogame Häresien« im geistlichen Leben 46

Mystik - Schule der Geschwisterlichkeit
Orientierung an Johannes vom Kreuz 61

Im Dunkel des »Kreuzes«... 69

Ein Bußsakrament sein 85

Ein Wegbegleiter in die Zukunft
Der Kirchenlehrer Johannes vom Kreuz 94

»Die Welt steht in Flammen...« 112

Vorwort

Was ist mit der Kirche los? Nicht nur »Außenstehende«, auch Christen, aus dem katholischen wie aus dem protestantischen Raum, stellen - nun schon seit Jahren - sich und ihrer Kirche diese und ähnliche Fragen. Die Antwort darauf ist - wenn man sie sich nicht leicht macht - in der Tat nicht einfach... Aber umgehen und übergehen dürfen wir sie nicht.

Ich bin Priester in der katholischen Kirche und gehöre zum Teresianischen Karmel (einer im 16. Jahrhundert aus einer Reformbewegung hervorgegangenen Ordensgemeinschaft). Auch ich mußte lernen, nach einer Zeit, in der ich rundum stolz und glücklich war, zur Kirche des Aufbruchs im Geist des Zweiten Vatikanischen Konzils zu gehören, mit dieser Frage zu leben. Dabei wurde mir zunehmend bewußt, daß ich mich auch selber, zumal als ein »Hauptamtlicher« in der Kirche, den Anfragen anderer, von »drinnen« und von »draußen«, stellen muß. Verschiedene Anlässe in den letzten 7/8 Jahren, zu denen ich Aufsätze und Vorträge für Priester und Mitarbeiter in der Seelsorge zu erarbeiten hatte, gaben mir den Anstoß, solchen Fragen und Anfragen auch von der Spirituellen Theologie her nachzugehen. Um das, was mir selber dabei aufgegangen ist, mit vielen teilen zu können, die ähnlich um die Kirche und um die eigene Glaubwürdigkeit in ihr ringen, habe ich einige dieser Erarbeitungen zu einem Büchlein zusammengestellt. Es richtet sich an Leser, die sich eine Antwort eben nicht leicht machen wollen, weder in Richtung Resignation oder Verurteilung anderer noch in Richtung blinder oder gar selbstherrlicher Abwehr kritischer Anfragen an die Kirche und an sich selbst. Vor allem aber richtet es sich an die Männer und Frauen, die, wie ich, einen »Hirtendienst« in der Kirche tun, an Kleriker wie auch an Laien.

Die einzelnen Beiträge sind für diese Buchveröffentlichung da und dort leicht überarbeitet, in ihrer Situationsbezogenheit, in der sie geschrieben oder als Vorträge gehalten wurden, jedoch bewußt belassen worden.

Jesus hat dem Auftrag an Petrus: »Weide meine Schafe!« die Frage vorangestellt: »Liebst du mich?« (Joh 21, 15ff). Es kann nicht anders sein, als daß auch wir, die »Hirten« in den Familien, in Schulen und Ausbildungsstätten, in den Pfarrgemeinden und geistlichen Gemeinschaften... uns zuerst *dieser* Frage stellen müssen, wollen wir auf die Frage nach der Situation unserer Kirche(n) heute eine Antwort finden. Sie durchzieht - unausgesprochen - alle Beiträge in diesem Buch. - »Liebst du mich?« Diese Frage des Jesus von damals, der der heute lebende Christus ist, an den Petrus aus dem Jüngerkreis, dessen Hirtendienst heute die Väter und Mütter für ihre Kinder ausüben, die Lehrer und Ausbilder für ihre Schüler, die Verantwortlichen in den geistlichen Gemeinschaften für ihre Schwestern und Brüder, die Priester und die Mitarbeiter in der Seelsorge für die Gemeinden, der Papst und die Bischöfe für die weltweite Kirche, ist die Basis für eine »Hirtenspiritualität«, die wir heute, meiner Meinung nach, *vor* allem anderen, so nötig brauchen; und die ehrliche, wenn auch »stotternde« Antwort: »Du weißt alles, Herr...« ist der (Neu-)Beginn, sie ins eigene Leben umzusetzen.

Birkenwerder, Ostern 1994

Reinhard Körner OCD

Unsere Schulden[1]

»Und vergib uns unsere Schuld, wie auch wir vergeben unsern Schuldigern...« - Eine geistliche Auslegung dieser Vaterunser-Bitte »mit Seitenblick auf unsere aktuelle deutsche Situation, unsere Vergangenheits- und Gegenwartsbewältigung, wie sie sich in Ihrer Umgebung darstellt«, soll ich schreiben, so lautet mein Auftrag.

Zunächst möchte ich sagen, wie Teresa von Avila, meine geistliche Mutter, das Vaterunser zu beten lehrte: Der Betende möge sich vorstellen, schreibt sie ihren Schwestern in San José[2], daß Christus bei ihm ist und ihm Wort für Wort seines eigenen Herzensgebetes vorspricht. - Indem man es meditierend *nach*betet und bewußt mit dem göttlichen Meister *mit*betet, kann das so vertraute, oft gedankenlos rezitierte Vaterunser in der Tat zu einer an Tiefe unübertroffenen Schule christlichen Betens werden. Es gilt dann nicht nur zu fragen: »Was will die jeweilige Bitte aussagen?« Ich soll vielmehr auf den *Vor*betenden achten und in ihn, den Jesus von damals, der der Christus von heute ist, hineinhorchen: »Warum betest *du*, Jesus, diese Worte zum Vater, was bedeuten sie in deinem Herzen?«, und: »Was willst du in mir wachrufen, wenn du mir solche Worte vorsprichst, wenn du mich an

---

[1] Dieser Artikel wurde veröffentlicht in: CREDO 1/1993 (im Auftrag von: Kath. Werk für Glaubenserneuerung und Evangelisierung e.V., Paderborn).
[2] Siehe: Weg der Vollkommenheit (Sämtl. Schriften der hl. Theresia von Avila, Bd. 6, München u. Kempten 1941), Kap. 19-42; in neuer Übersetzung: Teresa von Avila, Die Botschaft vom Gebet. Aus »Weg der Vollkommenheit«, Kap. 19-42, hrsg. u. übers. von Reinhard Körner OCD, Leipzig ²1992 (Graz 1989).

deinem Gespräch mit dem Vater teilnehmen, mich mit dir mitbeten läßt?«[3]

Teresa, die viel auf das Urteil guter Theologen gab, würde heute, davon bin ich überzeugt, der exegetisch-bibeltheologischen Forschung - nicht nur über das Herrengebet - großes Interesse schenken. Bewußt nehme ich daher die heutigen Erkenntnisse der Bibelwissenschaft für mein Mitbeten mit Christus zu Hilfe. Was ich etwa in einer einschlägigen Studie des Erfurter Neutestamentlers Heinz Schürmann[4] über die beiden Vaterunser-Überlieferungen Mt 6, 9b-13 und Lk 11, 2b-4 lese, hat mir - nicht weniger als die Anregung Teresas - ein tieferes Verstehen dieser großen »Gebetsanliegen« Jesu ermöglicht. - Es ist mir nicht unwichtig zu wissen, daß Jesus das Vaterunser nicht eigens für die Jünger formulierte, sondern daß er ihnen tatsächlich das Gebet vorsprach, mit welchem er sich selber gern an den Vater wendete. Das alte jüdische Kaddisch-Gebet, das zumindest in einer Urform auch in der Synagoge von Nazareth gebetet wurde, hatte sich Jesus so umgestaltet und »zurechtgebetet«[5], daß es sein persönliches, »ureigenes« Gebet geworden war.

Die »aktuelle deutsche Situation« kann ich natürlich ehrlicherweise nur aus dem Blickwinkel meines durch die vielfältigen Dimensionen der DDR-Realität und der ostdeutschen Gegenwart geprägten bisherigen Lebens betrachten.

Ich suche mir also - im Kloster ist das freilich nicht schwer - einen stillen Platz, stelle mir vor, daß Christus anwesend ist: verborgen, doch ganz gegenwärtig, neben mir,

---

[3] Nähere Anleitung zu Teresas Methode der Vaterunser-Meditation Reinhard Körner OCD, In der Gebetsschule Jesu, in: Teresa von Avila, Die Botschaft vom Gebet (s. Anm. 2), S. 167-196.
[4] Das Gebet des Herrn als Schlüssel zum Verstehen Jesu, Leipzig [7]1990.
[5] Ebd. 36.

um mich herum, in mir ... Dann lasse ich mir seine Worte vorsprechen, einmal und noch einmal, bis ich in sein Beten hineinhorchen kann...: »und vergib uns unsere Schuld...«

Schuld? Unsere Schuld? Ja, da ist so manche Schuld, in meinem Leben, in unserem Volk, in unserer Kirche... Vieles fällt mir ein, und das ist gut so; das macht ehrlich, läßt mich vor den Augen Jesu so sein, wie ich wirklich bin - läßt uns so sein, wie wir hier in Deutschland wirklich waren und wirklich sind...- Aber warum betet *Jesus* solche Worte?

Meine exegetischen Lesefrüchte kommen mir in den Sinn, bevor ich hier wohl in eine falsche Richtung weitergedacht hätte: Nicht von »Schuld« ist im Munde Jesu die Rede, jedenfalls nicht in der ursprünglicheren, der aramäischen Muttersprache Jesu entsprechenderen Überlieferung dieser Bitte nach Matthäus, die Lukas bereits leicht abgewandelt hat. »*Schulden*« steht da im Text (so übertragen auch in der neuen »Einheitsübersetzung« der Hl. Schrift). Heinz Schürmann kommentiert zum eindeutigen Verständnis: »›Schulden‹ entstehen, wenn man nicht bezahlt, was man schuldet.«[6]

Hat Jesus Schulden gegenüber dem Vater? Nun frage ich mich erst recht: Warum betet er solche Worte?... Eine Ahnung tut sich mir auf, wird immer mehr zur Gewißheit: Jesus weiß sich dem Vater, seinem »Abba« gegenüber tatsächlich als »Schuldner«. Ein Liebender hat immer »Schulden«. Es macht wohl gerade das tiefste Wesen der Liebe aus, zu wissen, daß der Geliebte immer noch mehr der Liebe wert ist, als man ihm gezeigt und gegeben hat... Weil Jesus grenzenlos den grenzenlos Liebenden liebt, wird er auf ewig der nie genug Liebende sein. »Vater, erlaß mir meine Schulden«, so wird er auf ewig

---

[6] Ebd. 105.

beten und seinem Abba damit sagen: *Immer noch mehr bist du meiner Liebe wert...*

Von »*unseren* Schulden« spricht sein Gebet, wie es auch »*unser* Vater« sagt und »*unser* täglich Brot«... - Jesus betet zum Vater als einer, der ganz unter seinen Schwestern und Brüdern, ganz unter uns Menschen steht. Er weiß sich als Liebender mitten unter solchen, die der Vater mit der gleichen grenzenlosen Liebe liebt, unter solchen, die zur gleichen Liebesantwort, zum gleichen tiefen Liebenkönnen berufen sind - in den gleichen grenzenlosen Liebes-»Schulden«...

Ich versuche seine Worte nachzusprechen, sie mit seinem Herzen mitzubeten, einmal und noch einmal... Meine Schulden... Unsere Schulden... - Es ist wahr, es geht nicht nur um Schuld! Wenn ich bei meinem Vorbeter bleiben will, werden mir die »*Schulden*« bewußt - wohl schon längst, wie Lukas formuliert, zur *Schuld* gewordene Schulden...

Der »Seitenblick auf unsere aktuelle deutsche Situation, unsere Vergangenheits- und Gegenwartsbewältigung...« - in diesem Licht, in diesem Mitbeten, mit diesem Vorbeter - läßt mich verstummen. Ich kann nur ahnen, wo unsere, wo meine Schulden sind ...: Großartig empfinden wir uns hier im Osten Deutschlands, weil wir gegen den immer gegenwärtigen Druck einer atheistischen Ideologie an unserer christlichen Überzeugung festgehalten und in Treue zur Kirche gestanden haben. Aber war das schon Aufmerksamkeit für seine Liebe? Hatten wir in unserer »klaren Haltung«, in unserem »überzeugten Christsein«, in unserer »Kirchlichkeit« Jesus und seinen Abba wirklich immer im Blick? Sind wir nicht im Bekenntnis zur »anderen Weltanschauung« ziemlich steckengeblieben? - »Ja, auch wir Christen haben Buße nötig. Jeder von uns wird bedenken müssen, wo er - mit oder gegen seinen Willen - in die allgemeine Unwahrhaftigkeit dieses Landes mitverstrickt war«, schreibt

Joachim Wanke, der Bischof von Erfurt, in einem Hirtenbrief im Jahr nach der »Wende«[7]... - Und die Mitchristen, die wir damals »die da drüben« nannten und wegen ihrer Glaubensfreiheit beneideten - hat Gott in ihren gut organisierten Gemeinden und vielfältigen Verbänden, in ihrem reichen christlichen Brauchtum, in ihren Gebetsgemeinschaften und Diskussionskreisen die Aufmerksamkeit gefunden, die er wert ist? Sind nicht auch sie weithin in bewundernswerten Aktivitäten, in »alternativen Lebensformen« und in einer dem Liberalismus (zu Recht) entgegengehaltenen »christlichen Ethik« steckengeblieben?... - Und was war los mit uns »*Hirten*« in der Kirche? Ich kann auch im Blick auf mich selber gut mitvollziehen, was Joachim Wanke vor seinen Gemeinden bekennt: »Ich frage mich, ob ich als Bischof nicht noch deutlicher Unrecht und Lüge hätte beim Namen nennen müssen. Hatten wir vielleicht zu wenig Mut, besonders in den letzten Jahren, uns in die Gesellschaft einzumischen, um sie zu verändern? Haben wir Gott zu wenig zugetraut und uns zu sehr um uns selbst gesorgt?«[8] Und ich frage mich darüber hinaus: Haben wir unsere Mitchristen über »Glaubensüberzeugung« und »Aktivsein« hinausführen können? Wir klagen heute - in Ost und in West - »Kirchlichkeit« ein und lassen zugleich so viele ehrlich Suchende nach wahrhaftiger Lebensgemeinschaft mit Gott, die uns Menschen doch erst zur Kirche macht, ohne das Brot, das sie brauchen...: Warum erkennen so viele, die nach Lebenssinn und nach Vertiefung ihres Glaubens suchen, in der Stimme unserer Verkündigung nicht (mehr) die »Stimme des guten Hirten«, für die sie, nach alter christlicher Überzeugung, das »Ohr« doch in sich tragen (vgl. Joh 10,1-21)?

---

[7] Hirtenbrief zur österlichen Bußzeit 1990, in: *Joachim Wanke*, Last und Chance des Christseins. Akzente eines Weges, Leipzig ²1992 (115 bis 118) 115.
[8] Ebd. 115f.

Viele Fragen kommen mir, seitdem ich so, im »Seitenblick« auf Vergangenheit und Gegenwart der Kirche in unserem Land, mit Christus zu beten versuche. Noch lange, lange Zeit werde ich wohl für diesen halben Satz aus seinem Herzensgebet brauchen, bis ich auch in den zweiten, gewiß nicht weniger »*Not*-wendenden«[9] Teil dieser Bitte hineinhorchen kann: »...wie auch wir vergeben unseren Schuldigern.« - Ob uns Christus heute, wo wir miteinander so viel »Vergangenheits- und Gegenwartsbewältigung« vor uns haben, nicht vor allem *vorbeten* möchte?

---

[9] *Schürmann*, aaO. 113.

Hirtenspiritualität

Alte Erfahrungen für eine neue Zeit

In der Diskussion um die Neuregelung der Bistumsgrenzen im wiedervereinten Deutschland ist die Entscheidung gefallen. Das Für und Wider verschiedenster Lösungsmodelle wurde zuvor aus pastoraler, verwaltungstechnischer, historischer, politischer, kanonistischer und staatsrechtlicher Sicht gründlich erwogen[1], auch war - gewiß zu Recht - darauf aufmerksam gemacht worden, daß bei allen einschlägigen Überlegungen die Frage nach dem »theologischen Sinn der Errichtung einer Diözese«[2] nicht übersehen werden dürfe. Was nun noch, auch über den Zeitpunkt der definitiven Entscheidung hinaus, zu bedenken bleibt, ist eine Frage, die freilich weder administrativ noch allein im theologischen Disput »geklärt« werden kann; nachdenkliche Zeitgenossen, auch solche, denen die Kirche Christi am Herzen liegt, stellen sie so oder ähnlich schon seit Jahren: *Was können wir tun, damit unsere Bistümer Kirche, Ortskirche mit Basis bleiben?* Bischof Joachim Wanke hat sie im August 1993, gerichtet an die Pfarrgemeinderäte und Pfarrgruppen seines Jurisdiktionsbereiches, im Blick auf das »Erscheinungsbild... (seiner) katholischen Ortskirche insgesamt«[3] so formuliert: »Wie kann in der Öffentlichkeit deutlich werden, daß unsere katholische Ortskirche in Thüringen nicht

---

[1] Zusammenfassender Überblick bei *Josef Meyer zu Schlochtern*, Neue Ortskirchen in Deutschland? Bemerkungen zur Neuumschreibung von Bistumsgrenzen in der Bundesrepublik, in: Stimmen der Zeit 9/1993 (617-632) 617-621.
[2] Ebd. 618, ausgeführt 621ff.
[3] Tonbandbrief an die Pfarrgemeinderäte und Pfarrgruppen im Bischöflichen Amt Erfurt-Meiningen, zit. nach dem schriftlichen Begleitschreiben (im August 1993), 4.

Machtpositionen einnehmen, sondern Gott und den Menschen dienen will? Wie kann vermieden werden, was uns als Kirche unglaubwürdig und unseren Dienst unwirksam macht: eine Kluft zwischen Kirche als ›Institution‹ und Kirche als der Gemeinschaft von Gläubigen?... Was muß sich bei uns ändern, damit ein ungetaufter Thüringer leichter katholischer Christ werden könnte?«[4] Bischof Wanke ist sich dabei bewußt: »Jede dieser Fragen ist wie der Zipfel eines großen Tischtuches. Fest ›angepackt‹ und ›gezogen‹ kommt bald das Ganze der Problematik unserer gegenwärtigen kirchlichen und gesellschaftlichen Situation zum Vorschein.«[5]

Mit der Brisanz dieser Frage sahen sich die deutschen Bischöfe insgesamt nicht zuletzt auf ihrer Vollversammlung im September 1993 angesichts einer von ihnen in Auftrag gegebenen Studie des Allensbacher Instituts für Demoskopie[6] konfrontiert. Dieser zufolge ist die Zahl der Kirchenaustritte seit Mitte der achtziger Jahre im gesamtdeutschen Raum alarmierend stark angestiegen. Die bisher höchste Ziffer liegt bei 192 000 allein im Jahre 1992. Auch wenn es sich dabei um nur 0,77 Prozent - sie gehören immerhin in der weit überwiegenden Mehrzahl zur Generation der 20 bis 35jährigen - der 24,7 Millionen Katholiken in Deutschland handelt, wäre es - so das Urteil von Wolfgang Seibel SJ - »fahrlässig, diese Ent-

---

[4] Ebd. 3f (1., 2. u. 6. Frage).
[5] Ebd. 4.
[6] Vorgelegt in zwei Teilen: (1.) Kirchenaustritte. Eine Untersuchung zur Entwicklung und zu den Motiven der Kirchenaustritte, Allensbach, am 11. 9. 1992 (45 S.); (2.) Begründungen und tatsächliche Gründe für einen Austritt aus der katholischen Kirche, Allensbach, am 24. 5. 1993 (86 S.), beide Hefte (noch unveröffentlicht) beim Sekretariat der DBK, Bonn; vgl. auch den Beitrag von *Renate Köcher* (Allensbach) in: *Bernd Kettern / Wolfgang Ockenfels (Hrsg.)*, Streitfall Kirchensteuer, Paderborn 1993 (Vorabdruck unter dem Titel »Das Geld ist nur ein Vorwand« in: Rheinischer Merkur, 10. 9. 1993, 37).

wicklung nicht ernst zu nehmen und nicht nach den Gründen zu fragen«[7]. Denn diese liegen nicht, wie es zunächst den Anschein hat, beim Thema Kirchensteuer; die Allensbacher Studie zeigt vielmehr auf, daß nur 32% der »ehemaligen Katholiken« des Geldes, mangelnder Kirchenbindung oder religiöser Indifferenz wegen ihre Kirche verlassen haben, 54% dagegen »Unzufriedenheit mit der Kirche« als Begründung für ihren Schritt angeben. Sieht man von dem ebenfalls hohen Prozentsatz derer ab, die nur noch aus recht pragmatischen Gründen an die Kirche gebunden bleiben, muß vor allem die wachsende Zahl derjenigen Katholiken beunruhigen - hierfür muß man nicht die Allensbacher Zahlen bemühen, es genügt ein waches »Ohr am Volke« -, die sich in Glaubens-(!) und Lebensfragen von »der Kirche« nicht mehr verstanden fühlen oder an der Vordergründigkeit ihrer »Probleme« und der Oberflächlichkeit ihrer Seelsorge und Verkündigung leiden. Zu denken geben muß wohl auch, daß inzwischen - laut Allensbach - nur noch 69 Prozent der west- und 27 Prozent der ostdeutschen Bevölkerung an Gott glauben, der Kreis derer jedoch, für den der Glaube existentielle Bedeutung hat, nur etwa 33 Prozent unserer Mitmenschen in den alten und ca. 15 Prozent in den neuen Bundesländern umfaßt.

»Fangen wir mit dem Evangelisieren bei uns an...«

Es mag sich um eine - angesichts solcher Zahlen verständliche - spontane Reaktion handeln, wenn unsere Bischöfe, wie KNA berichtet[8], als unmittelbare Antwort auf das gemeinsame Zur-Kenntnis-Nehmen der Allensbacher Ergebnisse die katholischen Christen in Deutsch-

---

[7] Kirchenaustritte, in: Stimmen der Zeit 11/1993 (721-722) 721.
[8] KIRCHENZEITUNG (Berlin) vom 26. 9. 1993, 5.

land zu »einem entschiedeneren Bekenntnis und Lebenszeugnis« aufrufen, »die Kirche« - im Blick auf aktuelle Debatten in Staat und Gesellschaft - zu mehr »Schneid..., in die öffentliche Auseinandersetzung einzugreifen«, ermuntern und sich damit trösten, daß »auch eine zahlenmäßig kleinere Kirche eine ›schlagkräftige Truppe‹ sein (kann)«; der Gesamtsituation der Kirche in Deutschland (und darüber hinaus), für die die Allensbacher Zahlen ja lediglich ein Spiegel sind, ist eine solche Reaktion jedoch gewiß nur sehr mangelhaft angemessen.

Wenn die aus der Erfahrung durch die christlichen Jahrhunderte hin gewonnene Erkenntnis nicht ganz falsch ist, daß alle Erneuerung bei demjenigen ansetzen muß, der Erneuerung bewirken will, müssen dann nicht - nicht nur, aber auch und mit Vorrang! - *wir »Hauptamtlichen«* selber, unsere Bischöfe eingeschlossen, uns die Frage stellen, was *uns* - Gott und der Menschheit wegen - an Veränderung nottut?

Bischof Franz Kamphaus (Limburg) schreibt in seinem im Herbst 1993 erschienenen Buch »Priester aus Passion«[9]: »Die... Erosionserscheinungen im kirchlichen Leben sind offenkundig. Wie reagieren wir darauf, wie werden wir damit fertig? Nicht selten werde ich nach der Strategie gefragt, mit der die Kirche dem Abwärtstrend zu begegnen gedenkt. Dazu ist sicher Hilfreiches gesagt und geschrieben. Mir scheint, als sei das Repertoire an Lösungsmodellen durchgespielt, als seien die pastoralen Rezepte ausgereizt... Ich stutze immer, wenn ich im Brevier auf Stellen stoße wie diese: ›Wir haben in dieser Zeit weder Vorsteher noch Propheten und keinen, der uns anführt...‹ (Dan 3,38). ›Zeichen für uns sehen wir nicht, es ist kein Prophet mehr da, niemand von uns weiß, wie lange noch‹ (Ps 74,9)... Wer in dieser Situation nur darauf aus ist, Sündenböcke zu jagen, verpaßt die Chan-

---

[9] Freiburg-Basel-Wien 1993.

ce, sich dem Ruf Gottes im Scheitern zu stellen...«[10] Sein sehr ernst und dringlich gemeinter Rat: »Also fangen wir mit dem Evangelisieren bei uns, in der Kirche an. Die größte Not kommt allemal von innen, nicht von außen, aus dem eigenen Kleinglauben. Darum hilft kein Wegschauen und kein Weglaufen, auch letztlich nicht die Änderung kirchlicher Ordnungen, über die man sprechen mag, aber von denen man keine Wunder erwarten sollte. Schon gar nicht hilft das Anklagen anderer... Das Evangelium stellt uns vor Gott. Es läßt uns in unserer gegenwärtigen Glaubenssituation, die in allen Aporien doch auch erfüllte Zeit ist - Reich Gottes im Kommen -, neu nach Gott fragen.«[11]

Und dies wird dann nicht zuerst eine theologische Frage, auch nicht »nur« eine Frage des Leitungs- und Umgangsstils, sondern eine persönlich und gemeinschaftlich zu stellende *existentiell-spirituelle* Frage sein müssen.

Ein spirituelles Leitbild für die persönliche Erneuerung

In den vergangenen Jahrzehnten haben wir uns in der Theologie mit Eifer darum bemüht, im Rückgriff auf die reichen Schätze der geistlichen Tradition eine unserer Zeit entsprechende Ordens- und Laienspiritualität zu erarbeiten, um den Christen dieser »Stände« Leitlinien und Leitbilder an die Hand zu geben, die ihnen helfen können, ihr Leben aus dem Geiste Jesu zu erneuern. Es scheint mir an der Zeit, daß wir nun mit gleichem Eifer beginnen, eine *Hirtenspiritualität* zu entwerfen, die uns - dem Klerus aller »hierarchischer Stufen« sowie allen unseren Mitarbeitern in Leitung, Verkündigung und Pastoral - christlich-authentische Leitlinien vor Augen

---

[10] Ebd. 33f.
[11] Ebd. 74.

stellt, die auch uns zur Erneuerung anregen und wegweisende Hilfen geben können.

Ich nenne sie »Hirtenspiritualität«, nicht Spiritualität des priesterlichen Lebens, weil es hierbei um die Reflexion geistlicher Grundhaltungen gehen muß, die *alle* betreffen, *die heute unmittelbar und mittelbar am »Hirtendienst« teilhaben*. Ich nenne sie auch nicht Spiritualität der Pastoral, weil es hier nicht zuerst um das Wie und Warum des pastoralen Einsatzes geht, sondern um *den »pastor« selbst*, der diesen pastoralen Dienst tut, um den Menschen N.N., gleich ob er im Amt des Bischofs oder der Katechetin, des Papstes oder der Mutter, die ihren Kindern den Glauben weitergibt, handelt.

Als die zum Zweiten Vatikanum versammelten Konzilsväter über das Wesen der Kirche nachdachten, hatten sie nicht nur die theologischen und juridischen Aspekte in bezug auf die »hierarchische Verfassung der Kirche, insbesondere das Bischofsamt« (Lumen Gentium, 3. Kapitel) und die »Hirtenaufgabe der Bischöfe« (Christus Dominus) im Blick, sondern äußerten sich ausdrücklich auch zur spirituellen Dimension im Leben und Wirken derer, die ein Leitungsamt in der Kirche innehaben. Im Kapitel 4 der Kirchenkonstitution über »die allgemeine Berufung zur Heiligkeit«, das in den folgenden Jahren zu einer wesentlichen Grundlage für die Erarbeitung einer erneuerten Laien- und Ordensspiritualität geworden ist, schreiben die Konzilsväter: »Vor allem die Hirten der Kirche« - gemeint sind zunächst die Bischöfe, im direkten Anschluß daran werden dann aber auch diejenigen genannt, die zur »Teilnahme an deren Amtsgnade« durch Christus berufen sind[12] - »müssen nach dem Bild des

---

[12] Ausdrücklich gesprochen wird hier zwar von den Priestern und Diakonen; inzwischen aber gehört es zum selbstverständlichen Bild unserer deutschen Ortskirchen, daß auch Laien, haupt- und nebenamtlich, am Hirtendienst teilhaben.

ewigen Hohenpriesters, des Hirten und Bischofs unserer Seelen, heilig und freudig, demütig und kraftvoll ihr Amt ausüben, das auch für sie, wenn sie es so erfüllen, das hervorragende Mittel der Heiligung ist. Sie wurden zur Fülle des Priestertums erwählt und sind mit sakramentaler Gnade beschenkt, damit sie durch Gebet, Opfer und Verkündigung, durch jede Weise ihres bischöflichen Sorgens und Dienens vollkommen das Amt der Hirtenliebe ausüben, nicht fürchten, ihr Leben für ihre Schafe einzusetzen, und als Vorbild für die Herde (vgl. 1 Petr 5,3) die Kirche auch durch ihr Beispiel zu täglich größerer Heiligkeit voranführen.« (LG 41) In der geistlich-theologischen Dichte dieser Worte und im Kontext der Aussagen dieses Kapitels über die Berufung »alle(r) Christgläubigen jeglichen Standes und Ranges zur Fülle des christlichen Lebens und zur vollkommenen Liebe«, zu einer »Heiligkeit«, durch die »auch in der irdischen Gesellschaft eine menschlichere Weise zu leben gefördert (wird)« (LG 40), könnte eine solche Hirtenspiritualität ihre Grundlage finden.

Gewiß, eine Spiritualität in Büchern und Texten macht noch keine persönliche Erneuerung, aber sie kann uns dafür ein theologisches Leitkonzept vor Augen stellen; und ist dieses erst einmal »im Gespräch« und hat es angesichts seiner evangelischen Authentizität einen breiteren, grundsätzlichen Konsens gefunden, kann sich daran - ähnlich wie es etwa die Theologie der Ordens- und Laienspiritualität bereits fruchtbar bewirkt - eine allmähliche Bewußtseinsveränderung vollziehen und eine persönliche Erneuerung orientieren, entsprechend dem Anliegen des hl. Paulus: »Wandelt euch durch die Erneuerung des Denkens, dahin, daß ihr beurteilen könnt, was der Wille Gottes, was das Gute, ihm Wohlgefällige und Vollkommene ist.« (Röm 12,2)

Freilich ist im Bereich der Systhematischen, der Praktischen und der Geistlichen Theologie bereits vieles gesagt und geschrieben worden - vor allem zur Spiritualität des priesterlichen Lebens -, was auch für eine so gemeinte Hirtenspiritualität von hoher Relevanz ist. In vielen wertvollen Ansätzen ist eine solche Spiritualität, die den Mut hat, nicht nur über neue Strukturen zu sprechen, sondern die Person des Hirten selbst in dessen menschlich-geistlicher Existenz »in Frage« zu stellen, bereits da. Aus dem Raum der »neuen« Bistümer sei hier nur an die geistlichen Schriften von Heinz Schürmann[13] oder an die veröffentlichten Ansprachen und Vorträge von Bischof Joachim Wanke[14] erinnert. Dennoch scheint es mir notwendig zu sein, daß wir darangehen, unter dem genannten Aspekt »Altes und Neues« theologisch-systhematisch zusammenzutragen, in der Hoffnung, damit auch zum Not-Wendenden beitragen zu können.

»Klassische« Grundelemente einer Hirtenspiritualität

Auch für eine solche Spiritualität des Hirten werden wir - wie für die Reflexion christlicher Spiritualität überhaupt - aus dem reichen geistlichen Erfahrungsschatz der Kirche schöpfen können und zugleich das Wirken des Geistes in den »Zeichen der Zeit« ernst nehmen müssen.

In diesem Sinne sollen hier einige - nur einige - »alte Erfahrungen für eine neue Zeit« zur Sprache kommen, die m. E. wesentliche, bisher wohl noch viel zu wenig beachtete Grundelemente einer in Ausführlichkeit noch zu erarbeitenden Hirtenspiritualität ausmachen werden.

---

[13] S. u. a.: Worte an Mitbrüder. Über geistliches Tun, Einsiedeln 1983 (Geistliches Tun, Leipzig, ^{3}1986)
[14] S. u. a.: Last und Chance des Christseins, hrsg. v. Karl-Heinz Ducke, Leipzig 1991.

1. Demut - leben und wirken in Echtheit

In den frühchristlichen Jahrhunderten sind sich die »pastores« der Notwendigkeit, auch einander immer wieder zu persönlicher Umkehr und Lebenserneuerung anleiten zu müssen, noch ausgesprochen stark bewußt. Schon als sich eine erste allgemeingültige Struktur der Leitungsämter herausgebildet hat, werden - in der Autorität des Apostels Paulus - die »*Pastoralbriefe*« geschrieben, die den Episkopen Timotheus und Titus erstaunlich offenherzig und direkt eine sehr konkrete »Hirtenspiritualität« ans Herz legen. Im gleichen Geist wenden sich später etwa Gregor der Große in seiner *Pastoralregel*, Augustinus im *Brief an den Klerus von Hippo* und in seiner Schrift *Vom ersten katechetischen Unterricht*, Johannes Chrysostomos im Traktat *Über das Priestertum* und in den *Homilien zum 2. Thessalonicherbrief*, Origines im *Kommentar zum Römerbrief* oder Pseudo-Dionysius in *Kirchliche Hierarchie* mit entsprechenden Impulsen an ihre Mitbrüder im Hirtenamt. Gregor von Nazianz spricht bereits von einer »echten, rechten Hirtenlehre«, einer Spiritualität, die sich am »wahren Hirten (Jesus Christus)« orientieren will.[15]

Gemeinsam ist diesen Texten, die natürlich für die Erarbeitung einer heutigen, zeitgemäßen Hirtenspiritualität von hohem Wert sein können, daß sie die Leitenden *vor allem* zur *Demut*, zur Einfachheit in den Lebens- und Umgangsformen und zu ungekünsteltem Reden in Predigt, Liturgie und Verkündigung ermuntern möchten. Die *humilitas* hat für die Väter fundamentalen Charakter im Leben und Wirken in der Nachfolge Jesu, sie sei »gleichsam der Schutzpatron aller übrigen Tugenden«, weiß Sulpicius Severus, ein Laie, der Freund und Bio-

---

[15] Verteidigungsrede, 34.
[16] Brief an Celantia.

graph des Bischofs Martin von Tours.[16] Für Augustinus verwirklicht sie sich persönlich-existentiell auf der Basis der Selbsterkenntnis: »Du, Mensch, erkenne, daß du Mensch bist. Deine ganze Demut bestehe darin, daß du dich erkennst.«[17] In eben diesem Sinne wird Benedikt seine Mönche - verweisend auf mehr als 40 Worte aus dem Alten und dem Neuen Testament - für ihren »Aufstieg in der Tugend« eine »Jakobsleiter« errichten lassen, deren zwölf Sprossen nichts anderes als »Stufen der Demut« sein müssen.[18]

In dem Maße, als sich im Laufe der Jahrhunderte Päpste, Bischöfe und Priester im Lebens-, Leitungs- und Verkündigungsstil dem oströmischen Beamtentum und dann den feudalistischen und fürstlichen Hofgebräuchen anpassen, werden solche Worte selten, und die Hirtenspiritualität, deren Fundament die brüderliche Ermahnung zur Demut darstellte, geht bis in die Gegenwart hinein - aufs Ganze der Kirche(n) gesehen - verloren.

Bischof Reinhold Stecher (Innsbruck) dringt m. E. in der derzeitigen Diskussion um die Situation der Kirche zur Wurzel vor, wenn er daran erinnert, Jesus setze für die Ausübung eines Amtes »ein Eingeständnis unseres Versagens voraus, sozusagen als Kondition«[19], und offenherzig schreibt - ohne sich, da er selbst im bischöflichen Dienst steht, »in der Loge des intellektuell-distanzierten Kritikers«[20] zu wähnen -: »Effiziente Autoritätsausübung muß in einer gewissen Demut vorgenommen werden, dem nüchternen Eingeständnis menschlicher

---

[17] Traktat über das Johannesevangelium 25,16.
[18] Regel, 7.
[19] Integrieren und motivieren. Gedanken eines Bischofs zum Führungsstil in der Kirche, in: Herderkorrespondenz 10/1993 (511-514) 514.
[20] Ebd. 511.

Defizite. So wie es für die Person eine Art lebensgeschichtlich begründeter Demut gibt, so müßte es für die Kirche und die in ihr wirkenden Amtsträger so etwas wie eine *kirchengeschichtlich fundierte Demut* (Hervorhebung ebd.) geben. Sie wächst aus der sachlichen Erkenntnis von Fehlleistungen kirchlicher Autorität im Laufe der Geschichte, und da die wunderbare Hilfe des Heiligen Geistes, die wir mit dem nicht ganz geschickten Wort ›Unfehlbarkeit‹ bezeichnen, ja nur als seltene Notbremse zur Wahrung der geoffenbarten Botschaft aktualisiert wird, gibt es eben Bereiche in Lehre und Leitung, in denen Fehlleistungen wirksam werden können und wirksam wurden. Es gehört zum Gehabe des autoritär-dirigierenden Stils, dies nie zuzugeben, aus Angst um ›Autoritätsverlust‹. Aber gerade deshalb erleidet heute kirchliches Amt bei so vielen denkenden, kritischen, suchenden und zweifelnden Menschen eine so große Autoritätseinbuße. Der Stil, den Jesus wollte, setzt das demütige Wissen um die durch die Geschichte erwiesenen Grenzen voraus. Und nach unserem heutigen Zeitgefühl erhöht ein gewisses Understatement sowieso die Glaubwürdigkeit einer Instanz.«[21]

Teresa von Avila hat die *humildád* im Rückgriff auf die geistliche Tradition als »Wandel in der Wahrheit (andar en verdád)« definiert[22], als Leben in Echtheit, als Übereinstimmung der persönlichen Grundhaltung und Lebensführung mit der schöpflich gegebenen Wirklichkeit, ein Wesen aus »humus« zu sein; und auch sie hat in ihr das unumgängliche Fundament aller Gottes- und Nächstenliebe gesehen: Verglichen mit einem Schachspiel, bei dem in der Regel nichts mehr zu gewinnen ist, wenn die Dame, der einflußreichste Stein auf dem Spiel-

---

[21] Ebd. 514.
[22] Innere Burg, VI 10,7.

brett, verloren geht, sind auch im Glaubensleben alle »Schachzüge« umsonst, wenn ihm die Demut abhanden gekommen ist.[23] Die Kirchenlehrerin trifft damit das Anliegen der Väter ebenso haargenau wie das Gespür vieler, die heute an »der Kirche« leiden.

Wenn auch eine solche *Umkehr zur Echtheit* nicht »an einem Tage« zu leisten ist, so könnten wir doch wieder - wie Bischof Stecher es tut - damit beginnen, sie uns gegenseitig als erstrebenswert und als notwendig, als *not*-wendend im ursprünglichsten Wortsinn, vor Augen zu stellen. Und bevor wir unsere Mitmenschen, von denen immerhin noch viele Christen und Glaubende sind, der Kritikasterei oder der mangelnden Liebe zur Kirche bezichtigen, sollten wir ihnen unser Ohr schenken und hinter den gewiß oft übertriebenen und einseitig, ja auch gehässig formulierten Äußerungen die Not erkennen, in die *wir* sie geführt haben. Gregor von Nazianz mahnte seinerzeit: »Erkenne vielmehr in Demut dich selbst und deine eigene Schwachheit... Man muß die Sache reiflich überdacht und viel durchgemacht haben, ehe man einem (Kritiker) den Vorwurf der Gottlosigkeit macht.«[24]

Wir werden zu einer Hirtenspiritualität und damit zu einer bewußten Erneuerung der Kirche (auch) von den pastores her nur in dem Maße finden, wie wir wieder zueinander von der Demut zu sprechen wagen. Das aber heißt, die inzwischen über Jahrhunderte hin geradezu zu geltenden Normen institutionalisierte Diskrepanz zum Geist Jesu zu erkennen, aufzubrechen und herzugeben. Konkret kann dies bedeuten:

---

[23] Vgl. Weg der Vollkommenheit, 16.
[24] Über die Mäßigung im Disputieren, 29.

Menschliches Versagen eingestehen. Daß die Kirche »auch nur aus Menschen besteht«, wissen die meisten unserer Zeitgenossen; sie kennen das Versagen und das Schuldigwerden aus ihrem eigenen kleinen Leben, begegnen der charakterlichen Unvollkommenheit, der Fehlentscheidung, der mangelnden Sensibilität und der Verstrickung in ein Netz von Ungereimtheiten überall dort, wo Menschen zusammen sind. Was sie sich freilich von »der Kirche« wünschen, wäre ein wenig mehr Aufrichtigkeit, ein wenig mehr Mut, solche »Menscheleien« zuzugeben. Ich stelle mir vor, welche Befreiung durch die Welt ginge, wenn einmal ein Papst Fehler und Fehlentscheidungen eingestehen würde, nicht nur die vergangener Jahrhunderte (wie schwer tun wir uns selbst da!), sondern auch die eigenen und die der Gegenwart - und ähnlich die jeweiligen Hirten auf den Ebenen der diözesanen Ortskirche, der Pfarrgemeinde, des Ordenskonventes etc. Wir würden einem Petrus begegnen, dem Petrus aus der Bibel, einem Mit-*Menschen*, einem Bruder, der in seiner menschlichen Angst den Freund seines Herzens verleugnen kann - und dann bitterlich darüber weint und seinem Herrn und Meister glaubt, daß dieser dennoch nicht den Stab über ihn gebrochen hat, daß er trotzdem geliebt ist und ihm die Sorge um die »Freunde seines Freundes« anvertraut bleibt. Er würde nur gewinnen! - Die Herzen vieler Menschen heute würde er gewinnen! Als ich diesen Gedanken, fast wörtlich, einmal in einem Besinnungsvortrag vor den in der Kathedrale versammelten Priestern eines Bistums, bei dem auch Gläubige anwesend waren, geäußert hatte, wurde ich zu einem Sprecher des Domkapitels zitiert: Ich hätte durch meinen Vortrag dem Priesterbild der Gläubigen geschadet... Basilius rät: »Verkündige nicht dein eigenes Lob noch bestelle andere, es zu verkünden!... Dagegen klage dich selbst deiner Sünden an und warte nicht erst die Vorwürfe anderer ab, damit du jenem Gerechten gleichst, der sich im Eingang seiner Rede selbst anklagt, damit du dem Hiob gleichst, der sich nicht abhalten ließ, vor einer großen Menge Volkes aus der Stadt seine Fehler zu bekennen!«[25]

Mensch, nicht Be-Amter sein. Wer immer in einer Gemeinschaft, im großen wie im kleinen, ein »Amt« innehat, nimmt eine soziale »Rolle« ein. Dies ist berechtigt und in gewissem Umfang notwendig. Problematisch wird es jedoch, wenn Person und Rollenverhalten eine gesunde Einheit, die zugleich Identifikation wie naturgemäße Distanz beinhaltet, nicht mehr erkennen lassen. Mit feinem Gespür nehmen es gerade heute viele Zeitgenossen wahr, wenn bei einer Leitungs- und Amtspersönlichkeit diese Einheit in die eine wie in die andere Richtung aus dem Gleichgewicht gerät, wenn sie also mangelnde Identifikation mit dem übernommenen Amt feststellen, aber auch, wenn sie hinter der Amtsperson den Menschen nicht mehr finden. So manche Klage, »die Kirche« sei unglaubwürdig oder gar herzlos und kalt, hat hierin ihren Grund. - Dazu beitragen mag noch die Tatsache, daß in das Leitbild des kirchlichen Amtsträgers »im Laufe der Jahrhunderte Züge fürstlichen Gehabes eingeflossen sind, die mit der Gesinnung der Fischer und Hirten, die vom See Genesareth und den Bergen Galiläas aufgebrochen sind, nicht allzuviel zu tun hatten« (Bischof Reinhold Stecher[26]), und die nun - wenn sie unreflektiert und unkritisch übernommen werden - *die* »Rolle« nicht mehr durchscheinen lassen, mit der Jesus die Verkünder des Reiches Gottes aussandte.

Es liegt auf der Hand, daß einer »Frustration an der Kirche«, soweit sie aus solchen Erfahrungen erwachsen ist, nicht mit Appellen zum »Gehorsam« gegenüber der

---

[25] Predigt über die Demut, 7.
[26] AaO. 512.

BESTELLUNG

Hiermit bestelle ich

_____ Expl.	Körner, „Liebst du mich?"	DM 14,80
_____ Expl.	Körner, Mystik konkret	DM 16,80
_____ Expl.	Körner, Geistlich leben	ca. DM 16,80

Bitte senden Sie mir:

    Gesamtkatalog

☐ Informationen über Neuerscheinungen

☐

Datum   Unterschrift

(Lieferung zzgl. Versandkosten)

Bitte wenn möglich frankieren

Antwort

St. Benno-Verlag

Postfach 112

04161 Leipzig

Absender (bitte deutlich schreiben)

Name

Straße

PLZ Ort

Meine Wünsche und Hinweise:

kirchlichen Autorität oder zu mehr »Liebe zur Kirche« begegnet werden *kann*. Hier ist eine vorbehaltlos kritische, wenn auch nicht angenehme Revision des Leitbildes, und an ihm orientiert eine zunächst einmal ganz persönlich zu leistende »Umkehr« nötig.

Zu korrigieren - und mit etwas Einsicht relativ leicht »einzuüben« - wäre hier die »Echtheit« in schon ganz alltäglichen Verhaltensweisen:

- Verzicht auf eine permamente »Alphaposition«, sich also in Gesellschaft nicht ins Zentrum der Aufmerksamkeit stellen, auch ein schlichter Zuhörer sein können;
- das ehrliche Eingeständnis, gelegentlich auf manche Fragen auch keine Antwort oder Lösung zu wissen, nicht einmal von der bisher reflektierten Glaubenslehre der Kirche her;
- Verzicht auf die »Kirchentonart«, den »klerikalen Redestil« im Vorbeten (auch der liturgischen Texte), im Predigen, im Unterricht und im Gespräch, in den »Hirtenworten« und in der religiösen Literatur, so daß dem Hörer ein selbst vom Wort Gottes betroffener Mensch begegnen kann;
- Tätigkeiten des gewöhnlichen Lebens, für die heutzutage kaum noch ein Mensch »Bedienstete« hat, selbst erledigen;
- ...und auch, was Papst Gregor der Große dem bischöflichen Mitbruder in Konstantinopel schreibt, hat wohl noch nichts an Aktualität verloren: »Petrus wollte... von dem rechtschaffenen (Hauptmann) Cornelius, der sich demütig vor ihm niederwarf, keine übertriebene Ehrenbezeugung und erkannte ihn als Bruder an, indem er sprach: ›Steh auf und tu nicht so, denn auch ich bin nur ein Mensch!‹(Apg 10, 26)«.[27]

---

[27] Brief an Johannes von Konstantinopel.

Während der Debatte um das Dekret über die Hirtenaufgabe der Bischöfe rief ein Konzilsvater aus: »Befreit uns von diesen Knöpfen und Bändern, die keiner will!«[28] Es ging ihm gewiß um mehr als um Quasten und rote Ränder am Talar...

Einfachheit und Echtheit auch im »Äußeren«. In der DDR-Zeit spöttelten die Gläubigen, über dem Eingang der kirchlichen Häuser hänge ein Schild mit der Aufschrift: »Hier verlassen Sie die Ostzone!« Es ist kein Geheimnis, daß auch heute so manche Priesterwohnung, manches bischöfliche »Palais«, nicht wenige Klöster und kirchliche Bildungshäuser, ja selbst Kirchenbauten und ihre Innenausstattung in der christlichen und nichtchristlichen Bevölkerung Ärgernis erregen. Es mag dahingestellt bleiben, ob es sich dabei in jedem Fall um ein berechtigtes Ärgernisnehmen handelt; entscheidend ist diesbezüglich ein grundlegenderes Faktum, auf das die Väter noch aufmerksam zu machen wagten: »Die Seele pflegt sich der Lebensweise anzupassen; sie bildet und formt sich nach dem, womit sie sich gewöhnlich befaßt. Deshalb sei dein Äußeres, Kleidung, Gang, Hausrat, Kost, Bett - kurz: alles möglichst einfach gehalten!« - so schreibt Nilos, der Klostervorsteher von Ancyra, und fügt hinzu: »Dasselbe gilt vom Reden, von den Gesten und vom Umgang mit dem Nächsten. In all dem neige mehr zum Üblichen als zum Auffallenden!«[29] Angelus Silesius bringt dieselbe Erfahrung später in einem seiner Verse drastisch so auf den Punkt: »Mensch, was du liebst, in das wirst du verwandelt werden; liebst du Gott, dann wirst du Gott, liebst du Erden, wirst du Erden.« (Cherubinischer Wandersmann)

---

[28] Zt. n. *Otto Hermann Pesch*, Das Zweite Vatikanische Konzil. Vorgeschichte-Verlauf-Ergebnisse-Nachgeschichte, Würzburg 1993, 238.
[29] Brief an den Rechtsanwalt Alkibiades.

Alle Elemente einer Hirtenspiritualität, auch die im Folgenden dargestellten, werden die Demut als »das unterscheidend christliche ›Antlitz‹«(Alvaro Huerga[30]) tragen müssen. Denn nicht uns, nicht einmal die Kirche haben wir ins Licht zu rücken, sondern Jesus Christus und seine Botschaft, die alle Menschen erreichen will.

2. Mystik - Kirche vom Haupt her leben

Als »Apostel Jesu Christi« stellt sich Paulus den Adressaten seiner Briefe vor, »wir sind Gottes Mitarbeiter, ihr seid Gottes Ackerfeld, Gottes Bau«, schreibt er der Gemeinde in Korinth (1 Kor 3,9; vgl. 2 Kor 6,1), und seinen Schüler Timotheus nennt er »Gottes Mitarbeiter am Evangelium Christi« (2 Thess 3,2). In diesen und ähnlichen Titeln drückt sich mehr als das Bewußtsein aus, in Verkündigung und Pastoral den auf Jesus Christus gründenden Glauben der Kirche zu vertreten. Paulus spricht hier von einer *Beziehung*, in der er und seine Mitbrüder im Hirtenamt stehen: Der Auferstandene ist ihr Lebensgefährte, ein verborgener, aber real gegenwärtiger Lebenspartner; ihr »Dienstherr« ist nicht Petrus, nicht das Apostelkollegium, noch der »Jesus von damals«: *in* der Gemeinschaft der Apostel und ihrer Nachfolger wissen sie sich als Diener *Christi*. Ihr ganzes Wirken ist von dieser Beziehung getragen, und sie wissen, daß der Gott, mit dem sie leben, der Haupthandelnde auch in der Ausübung ihres Hirtenamtes ist. In Antiochia berichten Paulus und Barnabas der dortigen Gemeinde, »*was Gott mit ihnen zusammen getan... hatte*«(Apg 14,27). - Wohl im gleichen Bewußtsein schreibt Johannes Chrysostomus: »Wir sind Gottes Gesandte an die Menschen«[31], und

---

[30] Art. »Demut«, in: *Karl Rahner (Hrsg.)*, Herders Theologisches Taschenlexikon in acht Bänden, Freiburg-Basel-Wien 1972, Bd. 2 (22-24) 22.

[31] Kommentar zum Kolosserbrief 3,5.

Gregor von Nazianz erinnert seine Mitbrüder an den, »der die Hirten weidet und die Führer leitet«[32].

Niemand wird heute den Priestern und Bischöfen der Kirche grundsätzlich absprechen, daß sie ihr Gebet verrichten und Betrachtung halten. Und doch wächst die Zahl derer unter den Christen, die - selbst wach geworden für eine persönlich-existentielle Christusbeziehung - in den Gottesdiensten und pastoralen Angeboten ihrer Pfarrgemeinden, in Kirchenzeitungen und kirchlichen Verlautbarungen den »geistlichen Tiefgang« vermissen. Es scheint ihnen, als gehe es den Leitenden in der Kirche mehr um »die Kirche« selbst, um ihre Pastoralpläne und Strukturprobleme (wie das Abdecken der »Seelsorge« durch die viel zu wenigen Priester), ihre ethischen Normen und die »Reinheit der Lehre« - Themen, für die sie, die »Gutwilligen«, durchaus Verständnis haben! -, zu wenig aber um *Gott* und um das *Leben* mit ihm und aus ihm. In ihren Hirten begegnen sie Vertretern der Kirche, zu wenig aber »Zeugen Christi« (vgl. Apg 1,8), die mit dem Gott, den sie verkünden, *Erfahrung* gemacht haben und aus solcher Erfahrung heraus Orientierung geben und sein können. Sie vermissen, was Bischof Franz Kamphaus mit einer jüdischen Weisheit[33] das »innerste Pünktlein« nennt, »... die Mitte, in der die Speichen zusammenkommen und zusammengehalten werden..., der Punkt, wo Gott uns berührt« und der »durch nichts zu ersetzen« ist[34].

---

[32] Verteidigungsrede, 117.
[33] »Von Rabbi Jizchak Meir ist diese Weisheit überliefert: 'Wenn einer Vorsteher wird, müssen alle nötigen Dinge da sein, ein Lehrhaus und Zimmer und Tische und Stühle, und einer wird Verwalter, und einer wird Diener und so fort. Und dann kommt der böse Widersacher und reißt das innerste Pünktlein heraus, aber alles andere bleibt wie zuvor, und das Rad dreht sich weiter, nur das innerste Pünktlein fehlt.' Der Rabbi hob die Stimme: 'Aber Gott helfe uns, man darf's nicht geschehen lassen!'« Franz Kamphaus, aaO.(s. Anm. 9) 39f.
[34] Ebd. 40.

»Der geistliche Grundwasserspiegel liegt zu tief«, pflegte Heinz Schürmann in Vorlesungen und Vorträgen vor Priestern und Theologiestudenten schon während der siebziger Jahre zu sagen. Meine eigene Erfahrung in der Begleitung von Exerzitien lehrt mich, daß die Zahl derer, die sich schwer tun, ein paar Tage lang zu schweigen und die äußere Stille mit persönlichem, innerem Beten zu füllen, unter den Priestern und pastoralen Mitarbeitern überdurchschnittlich hoch ist... Bischof Wanke sprach 1991 in seinem Fastenhirtenbrief von der »schleichenden Gottvergessenheit unter aktiven, engagierten Katholiken« - Franz Kamphaus fügt hinzu: »Priester und Bischöfe sind da nicht ausgenommen.«[35] Auch Karl Rahners viel zitiertes, von ihm selbst mehrfach in Erinnerung gebrachtes Wort aus den Jahren unmittelbar nach dem Konzil, der »Christ der Zukunft« werde »ein ›Mystiker‹ sein, einer, der etwas ›erfahren‹ hat, oder er wird nicht mehr sein«[36], richtete sich sehr ausdrücklich nicht nur an die »Traditionschristen« in den Gemeinden.[37]

Ein »Mystiker« - das ist nach den besten geistlichen Traditionen des Christentums[38] kein religiös überdurchschnittlich begabter oder gar »übernatürlich« begnadeter Mensch, sondern schlicht einer, *der mit dem Gott lebt, an den er glaubt und von dem er spricht.*[39] Den Glauben, das

---

[35] Ebd. 50f.
[36] Frömmigkeit früher und heute, in: Schriften zur Theologie, Bd. 7, 1966 (11-31) 22; vgl. auch: Bd. 14 (1980) 181 u. 375.
[37] Vgl. dazu *Siegfried Hübner,* Gott - »das letzte Wort vor dem Verstummen«. Rede von Gott als Mystagogie in der Theologie Karl Rahners, in: *Franz Georg Friemel (Hrsg.),* Von Gott sprechen, Leipzig 1991 (133-171) 170f.
[38] Vgl. dazu und zur Mystik-Diskussion der Gegenwart: *Reinhard Körner,* Mystik - Quell der Vernunft. Die ratio auf dem Weg der Vereinigung mit Gott bei Johannes vom Kreuz (EThSt 60), Leipzig 1990, 3-11.
[39] In Karl Rahners Diktion: Mystik ist »auch dem normalen Christen und erst recht dem Priester zugänglich... - ja sogar jedem Men-

»pistein« der neutestamentlichen Schriften, »mystisch« zu leben, bedeutet konkret:
- nicht nur von Gott und über Gott reden, sondern *zu* Gott sprechen (»Wir halten uns zu sehr bei der Rede über die Sache auf und vergessen bei all dieser Rede die beredete Sache selber«, sagte Karl Rahner »nicht ohne Betroffenheit« wenige Wochen vor seinem Tod[40]);
- in persönlich-existentieller, personaler *Beziehung* zu Jesus Christus, seinem »Abba« und seinem »Parakleten« leben;
- nicht nur »ich glaube an Gott«, sondern »ich glaube an *dich*, Gott« und »ich glaube *dir*, Gott« sagen;
- nicht »meine Gebete verrichten« (nach Johannes vom Kreuz kann man selbst mit viel Gebet und einem Hundert-Prozent-Ergebnis in der Schedula an Gott vorbeileben), sondern mich *betend*, sprechend und hörend(!), zu Gott *hinwenden*;
- nicht auf die »Macht des Gebets«, sondern betend auf die liebende All-*Macht Gottes* vertrauen;
- das »Du, Gott« in den Gebeten (den persönlichen wie den liturgischen) *wirklich meinen* - »meinen« und »minnen« (= lieben) haben im Deutschen die gleiche Sprachwurzel(!);
- »liebend *aufmerken*« (ein in der mystischen Tradition häufig gebrauchtes Wort) auf den verborgen gegenwärtigen, mir entgegenwartenden Gott;
- nicht mehr ein-sam, sondern in Zwei-samkeit, im inneren »*Wir, du Gott und ich*« leben;
- und in solcher personalen Beziehung »*vereint sein* mit Gott« (wiederum ein zentrales Wort der geistlichen

---

schen, der die radikale Unbegreiflichkeit, Tiefe, Absolutheit seines Daseins auf Gott hin in Freiheit vor sich läßt.« Zur Spiritualität des Priesters vom Amt her gesehen, in: Schriften zur Theologie, Bd. 14 (1980) 198.

[40] Erzählt von *Franz Kamphaus*, aaO.(s. Anm. 9) 58f.

Meister) im *Handeln*, in der engagierten *actio* in die Welt hinein: im Mit-Gestalten der Schöpfung, in der Hinwendung zum »Nächsten«, in »co-operatio« mit Gott auch in Verkündigung und Pastoral...

Die hier gemeinte »Wende zu Gott, die wir alle immer noch vor uns haben«, schreibt Bischof Kamphaus, »geschieht nicht von selbst. Sie wird uns geschenkt, aber nicht über unsere Freiheit hinweg. Sie ist uns aufgegeben als die *Tat* des Glaubens, ›mit ganzem Herzen, mit ganzer Seele und mit allen Gedanken‹ (Mt 22,37), von der Jesus spricht. Daran hängt alles - wie die Tür in der Angel!...«[41]

In ihrer langen Geschichte hat die Kirche einen reichen Schatz an Erfahrung in der Mystik, in der personalen Lebens- und Handelsgemeinschaft mit Gott gesammelt und reflektiert. Dieser Schatz muß nur »gehoben« werden, auch von denen und für die, die mit dem Hirtendienst beauftragt sind. Die Zukunft der Kirche, die aus dem Blickwinkel von Karl Rahner längst Gegenwart geworden ist, wird davon abhängen. Männer und Frauen wie Teresa von Avila, Caterina von Siena und Johannes vom Kreuz, die Päpste unseres Jahrhunderts zu Kirchenlehrern der Mystik erhoben haben, sind nicht nur Lehrer im Namen der Kirche, sondern auch Lehrer *für* die Kirche; es genügt nicht, sie den suchenden Mitchristen, mit deren Fragen zum geistlichen Lebensvollzug wir Seelsorger selber uns nicht selten überfordert sehen, zur Lektüre zu empfehlen, wir müssen auch selber bei ihnen in die »Lehre« gehen, müssen ihrem »christlichen Pioniergeist... wieder auf die Spur kommen«[42]. Beim »doctor mysticus« zum Beispiel, dem Spanier Johannes vom Kreuz, lesen wir, an die Hirten seines 16. Jahrhunderts gerichtet: »Gott selber beschwört uns ja, die Seele nicht

---

[41] Ebd. 64.
[42] *Franz Kamphaus*, aaO.(s. Anm. 9) 112.

aus ihrer Liebesbegegnung (mit ihm) aufzustören. Wer kann dies dann ungestraft wagen? Schließlich sind wir doch für solche Liebe geschaffen worden! Das sollten die ach so ›Aktiven‹ bedenken, die mit ihrem Gepredige und mit ihrem ganzen äußerlichen Gewerkel der Welt zu dienen meinen. Sie sollten daran denken, daß sie der Kirche viel mehr nützten und Gott viel mehr Freude bereiteten, wenn sie wenigstens einen geringen Teil der dafür verwendeten Zeit betend mit Gott verbringen würden, selbst wenn ihr Gebet noch sehr armselig wäre. Der Zuwachs an geistiger Kraft, den sie darin geschenkt bekämen, würde sie befähigen, mit einer einzigen Aktion mehr - und mit weniger Verausgabung ihrer Kräfte - zu bewirken als mit ihren tausend anderen. Was sie tun, heißt sich abplagen und doch so gut wie nichts, mitunter überhaupt nichts zustandezubringen, wenn nicht gar Schaden zu machen. Gott bewahre uns davor, daß das Salz zu verderben beginnt. Was dann auch immer einer nach außen hin zu leisten scheint - auf den Kern geschaut, wird es nichts sein. Denn die guten Werke werden nicht anders als aus der Kraft, die ihnen von Gott kommt, getan. Oh, wieviel ließe sich darüber schreiben!«[43] Klare, ja harte Worte, Worte an Hirten, die ihre Aktualität nicht verloren haben, ähnlich wie die Zeilen, die uns der Pfarrer von Ars hinter die Ohren schreibt: »Wenn Sie so weitermachen, werden Sie dem lieben Gott nichts als die entkräfteten Reste eines Herzens darbringen, das sich für Interessen verbraucht hat, die nicht die seinen sind.«[44]

---

[43] Geistlicher Gesang 28,3.
[44] Zt. n. *Johannes Bours*, Nehmt Gottes Melodie in euch auf, Freiburg-Basel-Wien 1985, 96 (dort leider ohne Fundstellenangabe).

3. Jüngerschaft - ein lernender Lehrer sein

In der deutschen Sprache ist uns das Bewußtsein für den ursprünglichen Wortsinn der Vokabel »Jünger« etwas abhanden gekommen. Dieser heute fast ausschließlich nur noch im kirchlichen Bereich gebrauchte Begriff steht für das neutestamentliche »mathetés« (*Schüler*). Jesus verstand die, die er zu sich rief und zum Verkünden des Reiches Gottes aussandte, als »Lernende«, und die frühchristliche Kirche war sich bewußt, daß sich das Lernen nicht nur auf eine »Ausbildungszeit« beschränkt, sondern zur Grundgestalt des Glaubenslebens wie auch des Hirtendienstes gehört. Denn was es bei dem zu lernen gibt, in dem »wesenhaft die ganze Fülle Gottes wohnt« (Kol 2,9), sind die unausschöpflichen Geheimnisse der Wahrheit selbst. Bischof Augustinus sagt seinen Gläubigen: »Wir sind euch von diesem Platz aus Lehrer, aber unter dem einen Lehrer sind wir in dieser Schule alle zusammen Mitschüler.«[45]

Zum negativen Erscheinungsbild der Kirche unserer Tage gehört wohl ohne Frage auch die Tatsache, daß viele Christen ihren Hirten nicht mehr recht vertrauen können, weil sie bei ihnen ein dem Stand der Zeit entsprechendes Wissen in den Dingen des Glaubens vermissen - ja zum Teil sogar eine diesbezügliche Lernbereitschaft überhaupt. Selber ständig auf Weiterbildung in ihrem Beruf angewiesen, hoch spezialisiert in ihrem Fachbereich und über eine Allgemeinbildung verfügend, die sie zumindest befähigt, kritisch zu hören, erwarten sie von den »Spezialisten der Religion« eine gewisse *Kompetenz* in Fragen des Glaubens und des religiösen Lebens. Die Schar derer in unseren Gemeinden ist in den vergangenen Jahrzehnten gewachsen, die sich nicht ernst genommen oder zumindest unbefriedigt fühlen, wenn die

---

[45] Erklärung der Psalmen, zu Ps 126,2-3.

Sonntagspredigt aus »frommen Worthülsen« besteht, ethische Normen nicht gründlich und problembewußt genug begründet oder Glaubenswahrheiten contra Wissen und Vernunft gestellt werden. Sie empfinden sich ihren Seelsorgern gegenüber - um ein bei den Vätertheologen gern gebrauchtes Bild, ins Heute übertragen, zu benutzen - wie einem Arzt, der eine Krankheit auf dem Kenntnisstand und mit den Mitteln der dreißiger Jahre oder gar der Zeit der Alchimisten behandeln würde. Zugegeben »drastisch« schreibt Gisbert Greshake: »Einem Chirurgen, der nicht mehr studiert und dem wegen fehlender Informationen über neue Erkenntnisse und Methoden eine Operation mißlingt, kann wegen Verletzung der ärztlichen Sorgfaltspflicht der Prozeß gemacht werden. Was ist da mit einem Priester, der gleichfalls aufgrund fehlenden Studiums die ›Sorgfaltspflicht‹ bei der Verkündigung verletzt, so daß die Gemeinde in Predigt und Glaubensunterweisung nicht wirklich erreicht wird und das Wort Gottes seine Kraft nicht entfalten kann?«[46]

Der Christ der Zukunft - es ist weithin bereits der Christ der Gegenwart! - wird nicht nur ein Mystiker, er wird auch ein »Theologe« sein, einer, der seinen Glauben reflektieren und vor dem Gesamthorizont seines Wissens und Denkens verantworten möchte. Der gegenwärtig in den Ländern des westlichen Europa eher zunehmenden innerkirchlichen Polarisierung zwischen fundamentalistisch-traditionalistischem Dogmatismus einerseits und sychretistisch-liberalistischer Aufweichung des Christlichen zur »Zivilreligion« andererseits[47] werden wir nicht im Pochen auf die Autorität des kirchlichen

---

[46] Priestersein. Zur Theologie und Spiritualität des priesterlichen Amtes, Freiburg-Basel-Wien 1982, 172 (Leipzig 1982, 191).
[47] Vgl. dazu: *Hermann Pius Siller*, Kirchenreform, in: Stimmen der Zeit 7/1993, 477-488.

Lehramtes begegnen können, sondern indem wir mutig in die Schule des Geistes Gottes gehen, der am Anfang der Kirche gewirkt hat, in ihrer Geschichte sprach und auch aus den Fragen und dem Denken der Gegenwart zu uns sprechen will. In der Theologie gerade auch der Ortskirchen des deutschsprachigen Raumes geschieht bis in unsere Tage hinein - jenseits aller Polarisierungen auch im Spektrum der »Theologien« - erstaunlich viel an wissenschaftlich-gründlicher und zugleich gläubig-engagierter Reflexion und Forschung; in einem Literaturbericht vom Frühjahr 1993 urteilt der Bonner Dogmatiker Wilhelm Breuning: »... es wird mehr solide Tiefen-Arbeit geleistet, als an der Oberfläche aufscheint.«[48] Es kommt nur darauf an, *mit dieser Theologie mitzulernen*. Gisbert Greshake zitiert das Gründonnerstagsschreiben Johannes Pauls II. an die Priester von 1979 mit den Worten: »Es genügt nicht, bei dem stehenzubleiben, was wir einmal im Seminar gelernt haben... Der Prozeß der geistigen Bildung muß das ganze Leben hindurch weitergehen... Für die Menschen... müssen wir *Zeugen* Jesu Christi mit *entsprechender Qualifikation* sein (Hervorhebungen ebd.). Als Lehrer der Wahrheit und der Sittenordnung ist es unsere Aufgabe, ihnen überzeugend und wirksam Rechenschaft von der Hoffnung zu geben, die uns erfüllt. Auch dies macht einen Teil der täglichen Umkehr zur Liebe durch die Wahrheit aus.«[49] Die Christen, die heute mit uns Kirche sind, und Gott selber und seine Welt sind eine solche Umkehr wert. Und dies um so mehr, wenn wir im Blick auf die Ortskirchen der ehemaligen DDR heute, vier Jahre nach der »Wende«, mit

---

[48] Dienst für den Glauben - Dogmatik in den neunziger Jahren, in: Christ in der Gegenwart 12/1993, Beilage: Bücher der Gegenwart, 96.
[49] »Liebst du mich mehr?«, Nr. 10, in: *Hans Urs von Balthasar*, Dienst aus der größeren Liebe zu Christus, Freiburg-Basel-Wien 1979; bei *Gisbert Greshake*, aaO.(s. Anm. 46) 191.

Konrad Feiereis feststellen dürfen: »In dieser unserer Situation kommt dem Beitrag der Kirchen für Schule, Ausbildung und Bildung insgesamt die größte Bedeutung zu. In unseren neuen Ländern sind nach der Wende mehr als zwanzig katholische Schulen, Gymnasien, Fachschulen und Fachhochschulen entstanden. Diese Bildungseinrichtungen werden von der gesamten Bevölkerung angenommen und frequentiert... Nirgendwo anders haben die Kirchen so sehr Chance und Zukunft wie im Bereich der Bildung.«[50]

Ein besonderes Augenmerk werden wir heute auf den gesamten Fragenkomplex der Geistlichen Theologie (Theologia spiritualis) richten müssen. Der Sache nach von den urchristlichen Autoren an durch die Geschichte hin praktiziert, hat sie ihren Platz in der Priesterausbildung und im akademischen Lehrbetrieb des Theologiestudiums erst seit 1919 - und von da ab nur mühsam und unzureichend - erhalten.[51] In der Frage nach der Orthopraxie des auf Gott hin gelebten Glaubens, im Bereich der Frömmigkeit und des geistlichen Lebens also, ist auch auf gesamtkirchlicher Ebene noch vieles aufzuarbeiten, um das Echte vom Schein, das Geistliche von oft recht »Heidnisch-Religiösem« unterscheiden zu können. Auf der Tagung der Internationalen Theologenkommission des Teresianischen Karmel im September 1993 waren wir uns in der Beobachtung einig, daß sich die auf der Ebene

---

[50] Das Ende der Utopien - wissen Christen einen Weg?, gekürzte Vorveröffentlichung eines Vortrages auf dem 43. Internationalen Kongreß »Kirche in Not« in Königstein/Taunus, in: Ost-West Informationsdienst 179/1993, hrsg. v. Kath. Arbeitskreis für zeitgeschichtliche Fragen im Auftrag des ZdK, (3-11) 9.

[51] Zur Geschichte und Aktualität der Geistlichen Theologie vgl. *Reinhard Körner OCD*, »Geistliche Theologie« - wie und warum?, in: *Wilhelm Ernst / Konrad Feiereis (Hrsg.)*, Denkender Glaube in Geschichte und Gegenwart, Leipzig 1992, 357-366.

der Orthodoxie des Glaubens längst erkannten und verurteilten Häresien wie etwa der Gnostizismus, der manichäische Dualismus, der Pelagianismus und Jansenismus in Frömmigkeit und Seelsorge überall in den Ländern der Erde bis heute hartnäckig gehalten haben und selbst in neu entstandenen geistlichen Gemeinschaften und ihren Spiritualitäten stark wieder aufleben. Dies ist um so tragischer, als dadurch gutwillige und bei ihren Hirten Orientierung suchende Gläubige zu Einstellungen und Verhaltensweisen angeleitet und hinerzogen werden, die eine auf die menschliche Seele und auf die familiären, kirchlichen und gesellschaftlichen Beziehungen sich deformierend und krankmachend auswirkende Folge haben. Das Phänomen der »ekklesiogenen Neurose«, entstanden auch durch Vermittlung von zu wenig an Jesus Christus orientierten, geradezu »dämonischen Gottesbildern«[52] und durch Hinführung zu einer unkritischen, zu wenig von der Botschaft Jesu hergeleiteten Religiosität ist auch in Deutschland erschreckend gegenwärtig. Nur ein sehr geringer Teil der Geistlichen und in der Seelsorge Tätigen in unserem Sprachraum hatten Gelegenheit, sich während ihrer Ausbildung an einem der bei uns noch wenigen Lehrstühle für Geistliche Theologie das nötige theologische Rüstzeug zu erwerben, um dieser Situation angemessen gewachsen zu sein. Im theologischen und geistlichen Schrifttum ist aber durchaus bereits eine Fülle von Literatur greifbar, deren Studium die Augen öffnen und Hilfen geben kann, von »geistlichen« Gemeinplätzen Abschied zu nehmen und die Mitchristen verantwortlich zu begleiten. - Mit wiederum klaren Worten schreibt schon Johannes vom Kreuz: »Gar manche Seelsorger wissen nicht, was der Geist Gottes ist. Überaus ehrfurchtslos handeln sie gegen Gott, da sie mit

---

[52] Vgl. *Karl Frielingsdorf*, Dämonische Gottesbilder. Ihre Entstehung, Entlarvung und Überwindung, Mainz 1992.

ihrer plumpen Hand in das Werk seiner Hände hineinpfuschen... Vielleicht irren sie aus gutem Eifer, da ihr Verständnis nicht so weit reicht. Doch dies entbindet sie nicht von der Verantwortung für Ratschläge, die sie voreilig erteilen, ohne sich zuvor genügend über den geistlichen Weg Gewißheit verschafft zu haben, den der Betreffende geführt wird. Ohne etwas verstanden zu haben, gehen sie mit ihrer rohen Hand dazwischen und überlassen ihn nicht wenigstens ganz dem, der ihn versteht. Und das ist kein geringfügiges Vergehen: einen Menschen mit dreisten Ratschlägen dazu zu bringen, unschätzbare Heilsgaben wegzutun, oder gar ihn zu zerrütten. Wer demnach aus Anmaßung irrt, während er doch - wie ein jeder in seinem Beruf - dazu verpflichtet ist, sich die nötige Sachkenntnis zu erwerben, der mag nach dem Ausmaß des von ihm verschuldeten Schadens seine Strafe empfangen!«[53]

Eine Hirtenspiritualität für unsere Zeit wird uns verstärkt ins Bewußtsein bringen müssen, daß nur der in der von Erkenntnis zu Erkenntnis fortschreitenden Schule des Hl. Geistes Lernende und Mitlernende verantwortlich Lehrer sein kann.

Theologische Ansätze für die Erarbeitung einer zeitgemäßen Hirtenspiritualität

Wie gesagt: Viele wertvolle Anregungen für eine am Evangelium Jesu orientierte und die derzeitige Krisensituation der Kirche(n) ehrlich in den Blick nehmende Hirtenspiritualität sind heute bereits da. Sie könnten Bausteine für eine systhematisch-theologische Erarbeitung werden. Dabei sind verschiedene theologische Ansätze, jeweils konfrontiert und bereichert durch die viel-

---

[53] Lebendige Flamme der Liebe 3,55.

fältigen Erkenntnisse der Human- und Geisteswissenschaften, möglich.

So könnten die hier angesprochenen Grundelemente einer Hirtenspiritualität aus der geistlichen Tradition leicht um weitere ergänzt werden. »Klassische« Stichworte wie Aszese, Loslösung, das rechte Verhältnis von Aktion und Kontemplation, Erste und Zweite Bekehrung etc. könnten helfen, unsere Situation in Kirche und Gesellschaft zu verstehen und - bei uns selbst beginnend - zu verändern.

Die drei evangelischen Räte, die die Väter des Zweiten Vatikanums der inneren Dimension nach, den Geisteshaltungen der Seligpreisungen entsprechend, im genannten 4. Kapitel der Kirchenkonstitution »allen Christgläubigen« und darunter »vor allem den Hirten« ans Herz legen, bieten ebenfalls - immer im wachen Blick auf »die gegenwärtigen Zeitverhältnisse« (LG 1) - einen fruchtbaren Ansatzpunkt.

Ein anderer, dazu komplementärer Ansatz wäre der Blick auf das Ziel des menschlichen Lebens, auf die *positive Eschatologie*, die die letztendliche Bestimmung des Menschen in der ewigen Vollendung der Schöpfung - auf der Grundlage der neutestamentlichen Offenbarung - vor Augen stellt. *Von diesem Ziel her* taucht der *Weg* in ein helleres Licht, den der Mensch in der Nachfolge Christi geht und als Hirte begleitet und führt. Denn, so Franz Kamphaus, gerade das »charakterisiert unsere Situation: Es fehlt uns heute weniger an verfügbaren Mitteln zur Erreichung von Zielen als vielmehr an den Zielen und an der Übereinstimmung in den Zielen.«[54] Große Seelsorger der Kirchengeschichte wie wiederum Teresa von Avila und Johannes vom Kreuz könnten hier Vorbild sein und wertvolle Anregungen geben; die menschliche Ausstrahlung ihrer Person und der pastora-

---
[54] AaO. 19.

le »Erfolg« in ihrem Hirtendienst verdanken sich vor allem diesem »Ansatz« in ihrem Leben und Wirken.[55]

Biblische Erzählungen, die das Gottesvolk des Alten Bundes, die Jüngergemeinschaft oder die urchristlichen Gemeinden in Situationen schildern, die der gegenwärtigen Kirchenkrise in essentiellen Elementen ähnlich sind, wären als theologisch-heilsgeschichtlicher Ansatz sehr geeignet. In ihnen spiegeln sich auf anschauliche Weise viele konkrete Erfahrungen der Gegenwart - und sie finden hier Deutung und Wegweisung. Die Wanderung Israels durch die Wüste etwa kann bestechend aktuelle Gedanken - wie sie der Holländer Bernard Rootmensen in »Vierzig Worte in der Wüste«[56] vorstellt (Medard Kehl SJ hält diese Schrift für die »Buchentdeckung dieses Jahres«[57]) - für unser Anliegen beisteuern.

Die kirchlich-gemeinschaftliche Dimension, die »*Kollegialität*« *des Hirtendienstes*, auf die das Zweite Vatikanum so entschieden Wert legte (vgl. LG 22ff u. CD 4ff), könnte vertiefter vor allem von der *Trinitätstheologie* her entfaltet werden. Wenn Gott in konsequentem Erfassen des »unterscheidend Christlichen« in unserem Glaubensbekenntnis als *communio* in den Blick kommt, wirft dies ein Licht auf den Menschen, der gerade auch in seiner gemeinschaftlichen Verfaßtheit »nach Gottes Bild geschaffen« ist.[58] Eine Hirtenspiritualität, wie jede christ-

---

[55] Vgl. die Artikel: *Ulrich Dobhan OCD*, Teresa von Avila, und: *Reinhard Körner OCD*, Johannes vom Kreuz, in: *Christian Möller (Hrsg.)*, Geschichte der Seelsorge am Beispiel großer Seelsorger (3 Bde), Bd. 2, Göttingen 1995.

[56] Originalausgabe Delft 1988, dt. Ausgabe: Vierzig Worte in der Wüste. Werkbuch für Gemeinden zur Krise von Kirche, Glaube und Kultur, Düsseldorf 1991.

[57] Kirche in der Fremde. Zum Umgang mit der gegenwärtigen Situation der Kirche, in: Stimmen der Zeit 8/1993 (507-520) 507.

[58] Vgl. u. a. *Bernd Jochen Hilberath*, Der dreieinige Gott und die Gemeinschaft der Menschen, Mainz 1990.

liche Spiritualität überhaupt, wird letztlich ohnehin erst von dieser Betrachtung her ihre dem Wesen des Menschen angemessene Tiefe und Klarheit empfangen.

Spiritualität ist kein Lehrgebäude, Spiritualität ist ein lebendiges Geschehen. Eine *Theologie der Spiritualität*, auch der Hirtenspiritualität, nährt sich aus den persönlichen und gemeinschaftlichen Erfahrungen dieses lebendigen Geschehens; sie reflektiert diese Erfahrungen, prüft ihre Authentizität an der biblischen Offenbarung und stellt die so im Laufe der Geschichte der Kirche gewonnenen Erkenntnisse als Leitgedanken vor, die wiederum zu einem lebendigen Geschehen, zum spirituellen Glaubensvollzug konkreter Menschen unter je konkreten Zeit- und Lebensverhältnissen hinführen wollen. Die zeitgemäße Erarbeitung einer Hirtenspiritualität, auf deren Notwendigkeit in der gegenwärtigen Situation unserer Kirche ich in diesem Beitrag lediglich mit einigen Grundelementen hinweisen wollte, wird eine mutige, in jedem Fall aber gemeinschaftlich - unter Einbeziehung der »Herde« ebenso wie der »Hirten« - zu leistende Arbeit sein.

Gott-Vergessenheit

»Kryptogame Häresien« im geistlichen Leben[1]

Seit einigen Jahrzehnten schon weisen katholische und protestantische Theologen darauf hin, daß die Kirchen die theologische Reflexion über den ganzen Bereich der Frömmigkeit und des geistlichen Lebens über anderen, sicher ebenfalls wichtigen Fragen, arg vernachlässigt haben. Hans Urs von Balthasar datiert den Beginn der »Diastase von Theologie und Spiritualität« bis in das 14. Jahrhundert zurück.[2] Diese aufs Ganze gesehen also schon sehr lang andauernde Vernachlässigung hat zur Folge, daß wir im praktischen Glaubensvollzug mit Vorstellungen und Verhaltensweisen leben, die bei Lichte betrachtet ganz und gar nicht so »gut katholisch« sind, wie sie im allgemeinen dafür gehalten werden; vieles, was als »fromm« und »geistlich« gilt, gehört eher in den Bereich des Un- und Aberglaubens und ist zum großen Teil schon längst - in der Regel bereits in den ersten christlichen Jahrhunderten - als *Irrtum* erkannt und auf Konzilien und durch päpstliche Lehrschreiben als *Irrlehre* verurteilt worden.

In den *geistlichen Gemeinschaften* der Kirchen - sowohl in den alten, traditionsreichen als auch in den neu entstandenen der Gegenwart - sind solche Fehlauffassungen geradezu »gebündelt« anzutreffen. Das gilt für die Klöster und für die verschiedenen Stände der geistlichen Berufe ebenso wie für die Laiengemeinschaften: Ihren jeweiligen positiven Lebensidealen und spirituellen Akzenten entsprechen oft *spezifische Irrauffassungen*, ihren

---

[1] Vortrag auf der Nationalkonferenz der Vorsitzenden der Laiengemeinschaften des Teresianischen Karmel in Deutschland, März 1994.
[2] Einfaltungen. Auf Wegen christlicher Einigung, Leipzig 1969, 13.

Lichtseiten also auch erhebliche Schattenseiten. Vieles, was sich heute »geistlich« nennt, ist in Wirklichkeit deformierende und krankmachende Ideologie, die ihre Wurzeln in unreflektierten Fixierungen »religiöser Persönlichkeiten mit großem Einfluß im sozialen Bereich der Kirche und Schlüsselfunktionen in ihrer Institution« haben und - »auf raffinierte Weise verborgen« - »Geist und Stil ganzer religiöser und apostolischer Bewegungen beeinflussen, so daß ihnen trotz großer Ausbreitung und großen Erfolges in der Aktion ein Handeln eigen ist, das von der Wurzel her entstellt ist, da es nicht mehr um den Geist des Evangeliums geht, sondern um ›Macht und Ehre‹ dieser Welt« (F. Urbina[3]). Nirgends können »kryptogame Häresien« so gut gedeihen wie im Gewand von »Kirchlichkeit« und »Frömmigkeit«.

Im Gegensatz zu früheren Generationen gibt es heute immer mehr Menschen, die das erkennen, oder doch zumindest »spüren«, wo »etwas nicht ganz stimmen kann«. Es sind vor allem solche Christen, die nach einer Vertiefung ihres Lebens aus dem Glauben *suchen*, nach Gebet, nach Meditation, nach einer praktikablen Form, ihren Alltag mit Gott zu gestalten. Viele von ihnen machen die Erfahrung, daß sie entsprechende Hilfe und Anleitung in der Verkündigung und Seelsorge der Kirche *nicht finden*, manche können die diesbezüglich leer erscheinenden Worthülsen in Sonntagspredigten, in Artikeln der Kirchenzeitungen und sogar in den Hirtenworten ihrer Bischöfe kaum noch ertragen, und vielen ist inzwischen ein Licht aufgegangen, daß die Frömmigkeit, zu der sie im Elternhaus, in der Gemeinde oder gar in einer geistlichen Gemeinschaft hingeführt wurden, eine wesentliche Ursache für *Zwänge und Ängste* ist, die ihre Herzen quälen und die Entwicklung einer gesunden

---

[3] Die dunkle Nacht - Weg in die Freiheit. Johannes vom Kreuz und sein Denken, Salzburg 1986, 47f.

Lebenseinstellung verhindert haben... In meiner Exerzitienarbeit begegnen mir solche Menschen, die ehrlich nach Gott, nach einer Gemeinschaft von Glaubenden und nach geistlichem Leben suchen und mir immer wieder die Frage stellen: Warum höre ich denn so etwas wie hier so selten in der Kirche? - aber auch so viele, die menschlich und religiös gesehen einen »verbogenen« Eindruck machen oder regelrecht krank geworden sind an ihrer »Frömmigkeit«: manche merken es und leiden darunter, manche merken es nicht - und dann leiden andere darunter...

Bereits 1931 forderte Papst Pius XI. wenigstens für die Priesterausbildung die Einführung des Lehrfaches »*Theologie der Spiritualität*«.[4] Das ist jene Fachrichtung innerhalb der Theologie, die gezielt darüber nachdenkt, was im Frömmigkeitsverständnis und in der Praxis des geistlichen Lebens wirklich »orthodox«, also echt und dem Evangelium entsprechend ist oder den Menschen eher - im Mantel vermeintlicher Frömmigkeit - in ihr *Unheil* führt. Doch bis heute sind - obwohl das Zweite Vatikanische Konzil die Notwendigkeit einer solchen Ausbildung noch einmal betonte[5] - fast alle Priester und Laienmitarbeiter in der Seelsorge in dieser Fachrichtung der Theologie ungenügend oder gar nicht unterrichtet worden. Wohl aus dem gleichen Grund rief Pius XII. zu Beginn der fünfziger Jahre in die Kirche hinein: »Zurück zu den Quellen!« - ein Ruf, den das Konzil sehr entschieden aufnahm und der in den Jahren danach eine *Korrek-*

---

[4] Apostolische Konstitution »Deus Scientiarum Dominus« vom 24.5. 1931, in: Nachkonziliare Dokumentation, Bd. 25: Priesterausbildung und Theologiestudium, 484 u. 515; zur Geschichte der Geistlichen Theologie s.: *Reinhard Körner,* »Geistliche Theologie« - wie und warum?, in: *Wilhelm Ernst / Konrad Feiereis*, Denkender Glaube in Geschichte und Gegenwart (Erfurter Theologische Studien 63),Leipzig 1992, 357-366.

[5] Vgl. Optatam totius (Priesterausbildungsdekret), Nr. 4, 8 u. 16.

tur der Ordensregeln und Lebensordnungen, der Riten in der Sakramentenspendung, der Marienfrömmigkeit u.s.w. zur Folge hatte.

Diese Korrektur ist freilich noch längst nicht abgeschlossen. Das Konzil hat lediglich in Erinnerung bringen können, daß in dieser Hinsicht ein *Reinigungs- und Läuterungsprozeß*, wie die Lehrmeister des geistlichen Lebens zu allen Zeiten immer wieder betonten, *zum geistlichen Leben überhaupt* gehört und wohl ein ganzes Leben lang vollzogen werden muß.

Auch die Laiengemeinschaft unseres Ordens kann daran nicht vorbeigehen. Auch *Karmel-Gemeinden* sind, auf wiederum ganz spezifische Weise, »Nester des Aberglaubens« und bedürfen der bewußten Läuterung, wenn sie nicht - gewiß ungewollt und weithin unbewußt - auf Zukunft hin Brutstätten von Einstellungen und Verhaltensweisen sein sollen, die der Bischof von Erfurt, Joachim Wanke, die »schleichende Gottvergessenheit unter aktiven, engagierten Katholiken«[6] zu nennen sich nicht scheute.

Einige *hauptsächliche*, natürlich über die ganze Weltkirche hin verbreitete, für unsere Karmelfamilie aber besonders »*typische*« Fehlauffassungen möchte ich hier kurz aufzeigen.

1. »Jesus-Vergessenheit«

In Deutschland sind in den vergangenen Jahren mehrere lesenswerte Bücher erschienen mit Titeln wie »Dunkle Gottesbilder« (Helmut Jaschke[7]), »Dämonische Gottes-

---

[6] Fastenhirtenbrief 1991.
[7] Dunkle Gottesbilder. Therapeutische Wege der Heilung, Freiburg Basel-Wien 1992; vgl. auch *ders.*, Psychotherapie aus dem Neuen Testament. Heilende Begegnungen mit Jesus, Freiburg-Basel-Wien 1987.

bilder« (Karl Frielingsdorf SJ[8]), »Gottesvergiftung« (Tilmann Moser[9]). Die Autoren, letzterer ein bekannter Psychotherapeut, die anderen Professoren der katholischen Theologie, zeigen darin auf, daß viele Christen heute mit Gottesvorstellungen leben, die der Botschaft Jesu von Gott, dem liebenden und gerechten Vater, geradezu entgegengesetzt sind und sich neurotisierend auswirken: etwa die Vorstellung vom »Aufpasser-« und »Buchhalter-Gott«, vom »strafenden Gott«, vom »Leistungsgott«, vom »Lückenbüßergott«... Die genannten Bücher beschreiben, wie solche Gottesbilder im Menschen entstehen und durch die religiöse Erziehung in Familie und Gemeinde weitergegeben werden, aber auch wie sie »entlarvt und überwunden« (Frielingsdorf) werden können. Gerade auch Christen in geistlichen Berufen und geistlichen Gemeinschaften, so wissen die Autoren aus der seelsorglichen und therapeutischen Erfahrung, sind davon betroffen, und immer mehr von ihnen sind heute darum bemüht, ihre »Vergiftung« loszuwerden.

Die Gründe dafür, daß diese falschen, quälend und krankmachend wirkenden Gottesvorstellungen sich in der Christenheit so verbreiten konnten, sind (pastoral und theologisch betrachtet) vor allem in der »Jesus-Vergessenheit« zu suchen, d. h. im *mangelnden Ernstnehmen der Menschheit Jesu* - in der frühen Kirche verurteilt als die Irrlehre des Monophysitismus (Konzil von Chalzedon, 451).

Wer Gott ist, wie er uns Menschen gegenüber »denkt und eingestellt ist«, können wir letztlich nur wissen, wenn wir es uns von *Jesus* sagen lassen und es uns an *seinem* Denken und Handeln ablesen. Sonst benutzen wir

---

[8] Dämonische Gottesbilder. Ihre Entstehung, Entlarvung und Überwindung, Mainz 1992; vgl. auch *ders.*, Vom Überleben zum Leben, Mainz ³1991.
[9] Frankfurt 1976.

- unbewußt - den Namen »Gott« wie eine Leinwand, auf die wir das Dia unserer selbst zurechtgemachten, allzu »menschlich« belasteten Vorstellung von ihm »projizieren« und dann diese statt den wahren Gott anbeten. Die Folgen sind dann allerlei Ängste und Zwänge, die uns das Leben schwer machen - und manchen dazu treiben, gewissermaßen aus »Notwehr«, den ganzen Glauben über Bord zu werfen...

Die Heiligen des Karmel gehören zu denen in der Geschichte der Kirche, die - allen voran Teresa von Avila - zunächst ebenfalls in ein solches Denken hineinwuchsen. »*Freundschaft* mit Gott« konnte erst entstehen, als sie diese »dunklen Gottesbilder« erkannt und überwunden hatten. Danach wußte gerade die »Höllenängste« leidende Teresa sehr gut, warum sie ihren Schwestern und Brüdern so betont die »Betrachtung des Menschgewordenen« ans Herz legte.[10] In ihrem Geiste leben heißt heute, leidenschaftlich darum bemüht sein, Jesus immer besser und immer authentischer kennenzulernen. Der Frage: »Wer bist du, Jesus?« nachzugehen, gehört zum Kern des christlichen Glaubens und des geistlichen Lebens, und zum Kern der karmelitanisch-teresianischen Spiritualität natürlich ebenso.

2. »Dreifaltigkeits-Vergessenheit«

Wir alle bekennen beim Sprechen des Credo die Dreieinigkeit Gottes, in der Praxis unseres persönlichen Betens aber verhalten wir uns in der Regel nicht danach: Wir beten immer nur zu einem, zum Vater oder zum Sohn, und in Saisonzeiten, vor schwierigen Entscheidungen und Prüfungen, auch einmal zum Heiligen Geist. Wir sind uns kaum bewußt, daß unser göttliches Gegenüber

---

[10] Leben (Autobiographie), Kap. 22 u.ö.

eine *Gemeinschaft* ist, die Gemeinschaft der Drei, die in ihrem Wesen, d. h. in der Grenzenlosigkeit ihrer Liebe so eins sind, daß sie miteinander ein Gott sind. Theologen unserer Zeit sprechen von der »Trinitäts-Vergessenheit« in der Kirche[11] und sagen, daß wir die Dreifaltigkeit »ins Exil geschickt« haben (Bruno Forte[12]). Das hat viele Folgen; eine davon ist, daß der Mensch nicht klar genug und tief genug erkennt, daß auch er, der ja »nach dem Bild Gottes« geschaffen ist (Gen 1,27), immer nur *in Gemeinschaft »richtig« vor Gott* sein kann.

Gerade kontemplative Menschen, die zu Recht die Verinnerlichung und die persönliche Beziehung zu Gott suchen, sind in der Gefahr, in den *religiösen Individualismus* zu geraten, wo allein »Gott und die Seele« zählt, und die Schwestern und Brüder neben ihnen nur noch zum unumgänglichen Rahmen gehören, in dem sie ihrer Frömmigkeit nachgehen können. Das wäre nicht mehr guten Gewissens möglich, wenn mir im Blick auf die göttliche Gemeinschaft bewußt würde, daß Gott sein menschliches Gegenüber ebenfalls als *Person in Gemeinschaft* vor sich sieht. Die Gemeinschaft, ob die im Kloster oder wo auch immer, ist nicht nur der Rahmen des geistlichen Lebens, sondern gehört - mit ihren Freuden und mit ihren Schwierigkeiten - mit in das »geistliche Programm«!

Der *Mangel an Geschwisterlichkeit* in der Kirche, über den wir wohl zu Recht heute so sehr klagen - die Haltung nämlich, die sich dem Mitmenschen ebenso innerlich und persönlich zuwendet, wie wir es Gott gegenüber

---

[11] Z.B. *Karl Rahner*, Der dreifaltige Gott als transzendenter Urgrund der Heilsgeschichte, in: Mysterium Salutis, Bd. 2 (317- 404) 319f; *Jürgen Moltmann*, Trinität und Reich Gottes. Zur Gotteslehre, München 1980, 18-24 (»Umkehr zum trinitarischen Denken«); *André Dumas*, Der dreieinzige Gott, in: *Peter Eicher*, Neue Summe Theologie, Bd. 1, Freiburg-Basel-Wien 1988, 409-444.

[12] Trinität als Geschichte. Der lebendige Gott - Gott der Lebenden, Mainz 1989, vgl.11-24.

versuchen -, hat auch religiöse Wurzeln: Sie liegen letztlich in dieser »Dreifaltigkeits-Vergessenheit«.

Wiederum bereits in den ersten christlichen Jahrhunderten ist diese Gefahr erkannt worden; in der Formulierung der beiden Glaubensbekenntnisse zum dreieinigen Gott wurden die damaligen Erscheinungsformen der »Trinitäts-Vergessenheit«, der Monarchianismus etwa und der Modalismus (später im 16. Jh. der Unitarismus) als Irrtum verurteilt.

Die Heiligen des Karmel sind hervorragende Lehrmeister auch in dieser Hinsicht. Sie zeigen uns, wie man nicht nur an die Dreieinigkeit »glaubt«, sondern wie man *mit ihr leben* kann; und wenn sie - wie Therese von Lisieux und Elisabeth von Dijon es ganz ausdrücklich und sehr oft in ihren Schriften tun - von der »dreifaltigen Liebe« sprechen, meinen sie, daß der Mensch letztlich dazu berufen und dafür begabt ist, nach dem Bilde Gottes, also auch nach dem Vorbild der göttlichen Gemeinschaft, in seinen menschlichen Gemeinschaften zu leben. Sie wurden dadurch zu echt geschwisterlichen Menschen, denen das gemeinsame Feiern, das Gespräch miteinander, die Sorge umeinander und die Freundschaft zueinander genauso wichtig waren wie Zurückgezogenheit, Gebet und Betrachtung.

3. *»Welt- und Lebensverachtung«*

Die Geschichte des Christentums kennt eine weitere Fehlauffassung, die sie ebenfalls schon in früher Zeit (1.-3. Jh.) verurteilte: den Dualismus, der u. a. als Gnostizismus, Doketismus und Manichäismus in Erscheinung trat. Allen seinen historischen Spielformen ist eine Haltung gemeinsam, die uns wiederum noch heute begegnet und sich in die Formel zusammenfassen läßt: Gott ist gut - die Welt ist schlecht. »Die Welt« - das ist die Natur, die nur als *Um*-Welt, nicht als *Mit*-Welt gesehen und behandelt wird, das sind die Menschen, diejenigen vor allem, die nicht des gleichen Glaubens sind, das ist die Arbeit und der Beruf, das ist der Leib mit allem, was sich in ihm regt, voran die Sexualität, das ist der Genuß des Schönen und die Freude daran, das ist die Vernunft und die Wissenschaft..., das ist eben alles, was »weltlich« ist.

Dualismus ist eine Einstellung, die wir in unserer Zeit treffend »Welt- und Lebensverachtung« nennen. Sie findet sich bis heute - meistens wiederum ganz unbewußt - auch in den Seelen geistlicher Menschen. Sie zeigt sich etwa in der Auffassung, wirkliche »Ganzhingabe« an Gott sei nur dem möglich, der ehelos und in geschlechtlicher Enthaltsamkeit lebt und am besten ganz und gar »die Welt verläßt«; die Kehrseite davon ist die Abwertung der Ehe als weniger geeignete Weise, ernsthaft mit Gott leben zu können. Sie zeigt sich entsprechend in einer Überbewertung des Ordenslebens als besserer, intensivster Weg und »vollkommener Stand« des Christseins oder in dem auch in amtlichen Texten noch vielgebrauchten Wort von der »engeren« Nachfolge Jesu in den geistlichen Berufen. Sie zeigt sich weiter in einer Auffassung von Aszese, die alle Freude am Schönen und Natürlichen niederhalten zu müssen meint. Kurz: Der Dualismus ist überall dort mit im Spiel, wo der Mensch vergißt, was die Bibel vom Ende der Schöpfungstage sagt: »Gott sah alles an, was er gemacht hatte: Es war sehr gut.« (Gen 1,31) - und ebenso vergißt, daß Jesus sich lieber einen »Fresser und Säufer« heißen ließ (Mt 11,19; Lk 7,34), als daß er als finsterer Aszet durch die Lande gezogen wäre.

Auch diese Irrauffassung fehlt im Karmel nicht. Im deutschen Sprachraum wurde sie gefördert durch die mißverständliche Übersetzung des von Teresa überlieferten »Sólo Dios basta« durch »Gott allein genügt«. Was Teresa (oder Johannes vom Kreuz, vom dem die Verse neueren Erkenntnissen nach wohl stammen) meinte, sollten wir besser mit den Worten wiedergeben: »Gott erst genügt«. Denn unsere Ordensheiligen wollten nicht sagen, daß der Mensch nur »Gott allein« vor Augen haben dürfe, sondern daß er *erst dann* sich selbst *und die ganze Welt*, in die ihn der Schöpfer hineingestellt hat, *richtig* sehen, damit umgehen und sich daran erfreuen kann, wenn er die persönliche Beziehung zu Gott gefunden hat. *Voller Lebensfreude* kann dann Johannes vom Kreuz beten: »Mein sind die Himmel, und mein ist die Erde...«[13]

Das Problematische am Dualismus ist, daß er dem Menschen die *wahre* Sicht für die Wirklichkeit, vor allem auch für die großen geistlichen Werte, *verstellt* - etwa für die Ehelosigkeit, aber auch für die Ehe, für das Ordensleben, aber auch für die »Laien«-Existenz, für die Aszese, aber auch für die Schöpfung, für den Leib und für die Seele... Und letztlich ist der Dualismus eine Haltung, die Gott nicht recht glauben will, daß er wirklich alles, aber auch alles in dieser Welt, mich selber mit meinem Leib und meiner Seele eingeschlossen, zwar noch nicht vollendet, aber gut gemacht hat.

4. »Ausnutzen« Gottes

Nicht förmlich als Irrlehre verurteilt, aber immer wieder in der Geschichte des geistlichen Lebens beobachtet und korrigiert wurde eine Haltung, die die Theologie »Utilitarismus« und »Hedonismus« nennt. Gemeint ist - uns wiederum in der Regel gar nicht bewußt - ein »Ausnutzen« und »Benutzen« Gottes: wenn es im Gebet und im religiösen Tun eigentlich gar nicht um Gott geht, sondern vielmehr einzig und allein darum, daß Gott uns in *unseren* Anliegen und Nöten helfen, *unsere* Vorhaben und Pläne gelingen lassen, zu *unseren* Wegen seinen Segen geben

---
[13] Gebet heiliger Liebe (Sämtliche Werke, Bd. 4, Einsiedeln 1964, 201).

möge; es ist auch die Haltung, die in Gebet und Kontemplation vor allem die eigene »Erbauung« sucht, das Gefühl seiner Nähe, die Gebets- und Gottes-»*Erfahrung*«...

Johannes vom Kreuz nennt das schlichtweg »geistliche Habsucht« und »geistliche Genußsucht«.[14] Und er beobachtet diese Haltungen nicht nur allgemein in der Kirche seiner Zeit, sondern auch bei den Schwestern und Brüdern in seinem Orden. Er weiß, daß es gut ist, wenn Gott viele unserer Bitten *nicht* erhört oder uns das »Spüren« und »Fühlen« seiner Nähe *entzieht* und uns so in die »dunkle Nacht« führt.[15] Er lobt diese »weise Pädagogik Gottes«, die uns frei macht von einer doch recht selbstsüchtigen »Frömmigkeit«, die Gott immer nur »gebraucht«, aber ihn selber kaum im Blick hat. Wie eine zwischenmenschliche Beziehung in einer solchen Haltung nicht gelingen kann, so auch die Gottesbeziehung nicht. »Freundschaft mit Gott« kann nur entstehen, wenn ich zu Gott sagen lerne: Gott, du darfst Gott sein, du darfst alles so machen, wie du es willst oder zulassen willst; du darfst mir nahe sein, wenn du mein Herz anrühren willst, du darfst aber auch der scheinbar ferne Gott sein, wenn du »fern« sein willst - du bist es wert, der zu sein, der du bist, der immer »ganz Andere«, Überraschende, auch der für meine Erfahrung manchmal »Enttäuschende«, du darfst Gott sein - so wie ich vor dir Mensch sein darf...

Jesus selber stellt in seinem, von ihm selbst formulierten Herzensgebet, dem Vaterunser, »allen Bitten und Wünschen voran« den »großen Wunsch« (Heinz Schürmann[16]): »Vater, geheiligt werde dein Name!« Das heißt nicht etwa, wie oft fälschlich ausgelegt wird: alle Welt

---

[14] Die Dunkle Nacht I 3 u. 6 (ebd., Bd. 2).
[15] Ebd. I 8ff.
[16] Das Gebet des Herrn als Schlüssel zum Verstehen Jesu, Leipzig ⁷1990, 36.

soll sich zu deinem Namen bekennen, sondern vielmehr: Vater, du sollst ganz heil(ig) sein - im deutschen Klartext: Vater, du sollst ganz glücklich sein! Eine Exerzitienteilnehmerin sagte mir einmal, sie habe still in unserer Kirche gesessen und da sei ihr aufgegangen, daß sie bisher immer in bestimmten Anliegen gebetet hätte; erschrocken darüber habe sie zu Gott gesagt: Lieber Gott, wie geht es denn dir eigentlich? - Eine »naive« Frage? Wie soll es Gott schon gehen?! Aber, so schrieb sie mir Wochen später, von diesem Moment an habe sich ihr ganzes Leben verändert...

5. »Leistungsfrömmigkeit« und »Werkgerechtigkeit«

Die größte Versuchung der Christen war wohl immer die »Leistungsfrömmigkeit« und die »Werkgerechtigkeit«. Schon Paulus hat alle Mühe, seinen Mitchristen klar zu machen, daß bei Gott nicht die Quantität der Gebete zählt, daß es bei ihm nichts zu »verdienen« gibt, daß Opfer und Verzicht und die Einhaltung des »Gesetzes« nicht den Sinn haben, sich Gottes »Gnade« zu erringen (vgl. Röm 3-5). Später wird die Kirche diese *Geschäftemacherei mit Gott*, die man auf die Formel bringen kann: »So viel Gebet und Opfer - so viel Gnade, Segen und Gebetserhörung«, in den verschiedensten historischen Ausprägungen ebenfalls als Irrtum verurteilen, als Pelagianismus (5. und 16. Jh.) etwa und als Jansenismus (17. und 18. Jh.). Jesus selber mahnt die Jünger, sie sollten »nicht plappern wie die Heiden, die meinen, sie müßten viele Worte machen, um erhört zu werden« (Mt 6,7); er treibt das ganze »Opfergeschäft« aus dem Tempel (Joh 2,13ff, Mk 11,15ff u. par.) und stellt am Beispiel des Pharisäers und des Zöllners klar, wer da wirklich »als Gerechter nach Hause geht« und wer nicht (Lk 18,10-14).

Aber der Mensch neigt wohl zu allen Zeiten dazu, sich

lieber etwas durch Leistung zu verdienen, als es sich *schenken* zu lassen. Man muß sich dann nicht dem Schenkenden in gleicher Unverzwecktheit zuwenden; im übrigen weiß man, was man geleistet und gegeben hat, und das gibt eine gewisse »Sicherheit«. Der Kapitalismus hat seine Spielart auch in den zwischenmenschlichen Beziehungen - und eben auch im Verhältnis zu Gott. Das heute in geistlichen Gemeinschaften viel gebrauchte, so unchristliche Wort von der »Macht des Gebets«, das die »Barmherzigkeit Gottes auf diese Erde herabfleht«, zeigt dies erschreckend deutlich. (Denken wir doch nur mal einen Moment ernsthaft darüber nach, was für ein Gottesbild hinter solchen Worten steckt!) Kommt noch hinzu, daß selbst kirchliche Autoritäten so denken und anleiten, ist es freilich schwer, die Unmenschlichkeit und Un-*Gött*lichkeit dieser Haltung zu erkennen und sie sich einzugestehen.

Was man sich dabei erkauft, ist - je nach persönlichem »Selbstbewußtsein« - entweder ein stolzes Pharisäerherz, das selber nicht mehr merkt, wie es auf »Zöllner und Dirnen« herabblickt, oder ein ständiger religiöser Leistungsdruck, verbunden mit der quälenden Angst, ob man angesichts seines mangelnden Durchhaltevermögens in den guten Vorsätzen wohl überhaupt einmal vor Gott wird bestehen können... Vor allem aber entgeht man so der wirklichen Schönheit und Tiefe dessen, was man sich auch durch noch so viel Gebet und Opfer nicht erkaufen kann: der *echten, tiefen Beziehung zu Gott, zu einem Gott*,
- der mich schon geliebt hat, noch bevor ich ihn - und wen und was auch immer - lieben konnte,
- der mein Herz meint und nicht meine Leistungen,
- der noch dann an mich glaubt, wenn ich - wie Therese. von Lisieux sagt - »selbst die schlimmsten Verbrechen begangen hätte«[17],

---

[17] Ich gehe ins Leben ein. Letzte Gespräche der Heiligen von Lisieux, Leutesdorf 1979, 93f. (Aufzeichnung vom 11. 7. 1897).

- dem ich Freund bin und nicht Knecht,
- der es neben mir aushält und an mir nicht herumnörgelt, selbst wenn ich mich selber nicht mehr leiden kann,
- der bei mir nur eines sucht: *daß ich ihm die Liebe glaube, die er zu mir hat...*

Die Erfahrung lehrt doch tausendfach, daß erst eine solche Erkenntnis wirklich leben läßt und - bei bleibender menschlicher Unvollkommenheit - zu echter und ehrlicher Liebe befähigt, zu einer Liebe, die

- aus »Gebete verrichten« wirklich Beten macht,
- aus den »Opfern« die Fähigkeit zum wirklichen Verzicht dort, wo er um der Liebe und der Wahrheit willen nötig ist,
- aus den religiösen »Verpflichtungen« eine selbstverständliche Aufmerksamkeit für Gott,
- aus dem »Sühnen« und »Stellvertreten« (zentrale Worte unseres Glaubens, die erst aus der Christus-*Beziehung* her ihren Sinn erhalten) für die »gottlosen Mitmenschen« ein Stehen zu ihnen, wie Gott zu ihnen steht,
- aus den »guten Werken« eine wirkliche, ehrliche *Hin*wendung zum Nächsten, die sich auf Freundschaft und Zuneigung einlassen, aber auch den »Feind« respektieren kann,
- aus äußerer »Kirchenzugehörigkeit« eine echte Sensibilität und - auch kritische - Mitverantwortlichkeit für die Gemeinschaft der Suchenden und Glaubenden...

Wiederum ist es nur allzu verständlich, daß gerade solche Christen, die den »geistlichen Übungen« zu Recht ein gutes Quantum an Zeit in ihrem Leben einräumen wollen, besonders gefährdet sind, in den so verbreiteten Irrtum der Leistungsfrömmigkeit zu fallen. Der Karmel ist im Übermaß voll davon! Und Gott steht daneben und wird sein schönstes Geschenk, seine absolut ungeschuldete und zweckfreie Freundschaft zu mir, nicht los...

Wen in der Kirche, wen in der Laiengemeinschaft oder in den Klöstern unserer Karmelfamilie geht das alles nun eigentlich an? *Mich* jedenfalls, P. Reinhard, geht es an; denn obwohl mir theologisch seit langem sehr klar ist, was das Echte und was das Mangelhafte oder gar Unechte im geistlichen Leben ist: ich entdecke bis heute alle diese Fehlauffassungen, und manche andere dazu, immer noch und immer wieder neu - wie Unkraut unter den Weizen gemischt - auch in meinem Herzen. Ich halte Ihnen diesen Vortrag also nicht, um anzuklagen oder gar um abschließend hinzuzufügen: Wer so denkt und handelt, »der sei ausgeschlossen«. (Die Konzilien bis ins vorige Jahrhundert waren damit freilich schnell bei der Hand.) Ich möchte lediglich auf das hinweisen, was gerade die Heiligen unseres Ordens immer wieder betont haben: daß der Weg der Freundschaft mit Gott, der *»Weg des Einsseins«* mit ihm (die »via unitiva«), nur in dem Maße möglich ist, wie wir auch den *»Weg der Reinigung«* (die »via purgativa«) zu gehen versuchen. Die Reinigung aber fällt leichter, wenn wir uns bewußt sind, *was* da zu reinigen und was da loszulassen ist.

Ich denke, wir können, um der Situation in Kirche und Gesellschaft heute gerecht zu werden, *nichts Dringlicheres* tun, als im Geist und nach dem Beispiel aller großen Lehrmeister der geistlichen Tradition den *Reinigungsprozeß anzustreben*, der in eine zwar immer menschlich-unvollkommene, aber ehrliche und echte Gottesfreundschaft führt. Das sind wir nicht nur uns selbst schuldig und unserem in Jesus Christus Mensch-gewordenen Gott; das ist auch das Wichtigste, was wir tun können, um dem für so viele Menschen nichtssagend und sogar abschreckend gewordenen Glauben das authentische Gesicht wiederzugeben.

Mystik - Schule der Geschwisterlichkeit

Orientierung an Johannes vom Kreuz

Ein neues Wort geht um in den geistlichen Gemeinschaften unseres Landes: *Geschwisterlichkeit*. Der Duden, der 1991 in seine 20. Auflage[1] fünftausend Wörter aus Ost und West neu aufgenommen hat, verzeichnet es noch nicht. Die Sprache ist der Registratur, das Leben der Verwaltung einmal mehr um einiges voraus. Dem maßgebenden Buch für deutsches Schreiben und Reden ist nur »Brüderlichkeit« vertraut, ein Wort, das seit der Französischen Revolution (1789-1799) in den Sprachschatz der europäischen, dann vieler weiterer Völker Eingang fand; das weibliche Pendant, den freilich auch in der Praxis kaum gebräuchlichen Ausdruck »Schwesterlichkeit«, kennt es nicht.

Was meinen diejenigen, die heute lieber von »Geschwisterlichkeit« statt von »Brüderlichkeit« sprechen wollen, mit diesem neuen Wort? Gewiß, es soll den älteren, zumindest in deutschen Ohren einseitig männlich klingenden Begriff auf eine Einsicht hin ausweiten, zu der wir in den vergangenen Jahrzehnten auch in unserem Kulturkreis immer mehr gefunden haben: Die Menschheit, und in ihr die Kirche, besteht aus Männern und aus Frauen, beide sind von gleicher Würde, und es wird verhängnisvoll - nicht nur für die Frauen -, wenn das Zusammenleben, im Kleinen wie im Großen, patriarchalische Züge trägt. Doch der eigentliche Inhalt dieses Wortes ist damit allein noch nicht umschrieben. »Geschwisterlichkeit« meint - im Kern ebenso wie »Brüder-

---

[1] Duden. Rechtschreibung der deutschen Sprache, Mannheim ²⁰1991.

lichkeit« - eine *Haltung*, die das *Wie* im Umgang zwischen den Menschen, Männern wie Frauen, charakterisiert: eine Einstellung und eine Lebenspraxis also, durch die ein »geschwisterliches Miteinander« möglich wird.

In der jüdisch-christlichen Glaubenstradition kann diese Haltung mit zentralen Aussagen der Heiligen Schrift, des Neuen wie des Alten Testaments, näherhin beschrieben werden.[2] In vielen Menschen, die aus dem biblischen Geist zu leben versuchten, hat sie im Laufe der Geschichte ihre exemplarische Verwirklichung erfahren. »Geschwisterlichkeit« ist somit eigentlich ein altes, im neuen Sprachgewand uns neu ins Bewußtsein tretendes Grundwort der christlichen Spiritualität.

Ich habe den Auftrag, bei einem der »Meister« des geistlichen Lebens, dem »doctor mysticus« Juan de la Cruz (1542-1591), den ein Papst unseres Jahrhunderts mit dem Titel »Kirchenlehrer« autorisierte, nachzufragen, was Geschwisterlichkeit für ihn bedeutet hat. Das ist auf den ersten Blick ein nicht ganz leichtes Unterfangen, denn weder »Brüderlichkeit« noch »Geschwisterlichkeit« ge-hören zum Vokabular dieses Karmeliten im »goldenen Zeitalter« Spaniens. Mehr noch: auch der Sache nach hat er sich auf keiner Seite seiner vierbändigen Schriften ausdrücklich zu der hier gemeinten Haltung geäußert; ihr Thema ist die Mystik, der Reifungsprozeß des einzelnen im persönlichen Umgang mit Gott.

Juans Biographie freilich zeigt durchaus einen ganz und gar brüderlichen, ja wahrhaft *geschwister*lichen Menschen. Das »Thema« seines Lebens war umfassender als das Thema seiner Bücher und Gedichte, und das eine wirft ein deutendes Licht auf das andere. Ja, wir können sogar sagen: Juans Umgang mit den Mitmenschen war die Schule für seinen Umgang mit Gott - und seine Mystik die Schule für seine Geschwisterlichkeit im Um-

---

[2] Vgl. *Camilo Maccise OCD*, Christliche Geschwisterlichkeit, in: Christliche Innerlichkeit 2/1994.

gang mit den Schwestern und Brüdern. Grundhaltungen und Grundeinstellungen - Juan spricht mit der theologischen Tradition von »Tugenden« -, die für den einen Bereich gelten, gelten auch für den anderen. Es scheint mir von daher angebracht, einige zentrale Kernworte seiner Mystik auf ihre Bedeutung für die - von uns heute so genannte - Geschwisterlichkeit hin abzuhorchen.

»liebendes Aufmerken«

Es gibt kein Wort in Juans Schriften, das klarer und prägnanter zum Ausdruck bringt, wie aus »glauben« ein persönlicher Umgang mit Gott werden kann, als die fast zwanzig mal wiederkehrende Formel »liebendes Aufmerken (advertencia amorosa)«.[3] Ein sehr konkretes, eigentlich ganz einfaches und für jeden Menschen vollziehbares »Tun« der Seele ist damit gemeint: Ich denke daran, daß Gott da ist - wenn auch der äußeren Wahrnehmung verborgen -, und wende mich hin (ad-vertir) zu ihm, sage mit Bewußtsein »du, Gott« zu ihm, spreche zu ihm oder »verweile« - auch ohne Worte - in seiner Gegenwart... Zu nichts anderem zunächst als zu diesem inneren »Tun« anzuleiten, ist Juans »Feder ausgerichtet und unterwegs«[4]. Dieses »aufmerken« macht aus »Glauben haben« einen *glaubenden*, mit Gott lebenden Menschen; es einzuüben und zu einem »habitus«[5], einer guten »Angewohnheit« werden zu lassen, ist der Weg der Mystik Juans. Alles weitere, alle dann möglichen Erfahrungen auf diesem Weg, setzen dieses liebende, sich Gott zuwendende »Tun« voraus. Das im Alten Bund geforderte und von Jesus bestätigte Gebot der »Gottesliebe« verwirk-

---

[3] 1 S (»Aufstieg zum Berg Karmel«) 12, 8 u. dann öfter.
[4] 2 S 24, 4.
[5] Vgl. 2 S 14, 2.

licht sich konkret erst in dieser Grundhaltung, nicht in noch so feierlicher, aber »äußerlich« bleibender Gottesverehrung und Frömmigkeit.

Juans Leben mit den Mitmenschen zeigt, daß sich im Umgang mit ihnen in seiner Seele gleiches vollzieht. Er wendet sich ihnen zu, nicht nur mit der äußeren Gestalt, sondern mit »liebendem Aufmerken« von innen her, nicht mit wiederum nur äußerlich bleibenden »Werken der Nächstenliebe« und einem gelegentlichen »netten Wort«, sondern mit dem gleichen einfachen »Tun« des Herzens, das den anderen anschaut und ihn wirklich meint, mit Bewußtsein »du...« zu ihm sagt, zu ihm spricht, auf ihn hört und in seiner Gegenwart verweilt... Man lese nur einmal die Briefe Juans[6], aus denen diese Haltung den Adressaten gegenüber durchstrahlt, oder denke daran, wie die ersten Biographen von seinem herzlichen Umgang mit den Brüdern in den Konventen, denen er meistens als Prior vorstand, von der einfühlsamen Begleitung der Schwestern, zu denen er als Beichtvater ging, oder von der Schlichtheit erzählen, in der er mitten unter den Bau- und Hilfsarbeitern im Steinbruch und am Mörtelfaß steht, Kindern aus der Stadt ein Lehrer und Spielgefährte ist oder Studenten und Professoren auf ihre Fragen antwortet...[7]

»Liebendes Aufmerken« ist der innerste Kern der Geschwisterlichkeit, die innerlich konkrete Verwirklichung dessen, was Jesus mit dem aus dem Alten Testament übernommenen Wort »Nächstenliebe« meint. Nichts mehr zunächst und nichts weniger ist es, was Menschen zu »Geschwistern« macht. Dieser »einfache

---

[6] Sämtliche Werke, Bd. 4, Einsiedeln 1964, 127-161; in einer neuen Übersetzung: *Erika Lorenz*, Ins Dunkel geschrieben. Johannes vom Kreuz - Briefe geistlicher Führung, Herder 1987.
[7] Siehe: *Ulrich Dobhan OCD /Reinhard Körner OCD*, Johannes vom Kreuz. Die Biographie, Herder 1992.

Hin-Blick« zum anderen Du, vollziehbar wiederum für jeden, ist der »Start«, der auf den Weg zum Miteinander und zur Freundschaft führt, der aus nebeneinander her lebenden Nonnen in den Klöstern Schwestern macht, aus einem Individualisten-Club von »Brüdern« Brüder, aus »dem da« und »der da« in der kleinen oder großen Gemeinschaft einen interessanten, wertvollen, wenn auch hartkantigen Mitmenschen...

»Demut« und »Selbsterkenntnis«

Es gibt keinen geistlichen Meister in der jüdisch-christlichen Tradition, der nicht an zentraler Stelle von Demut und von Selbsterkenntnis spräche. Auch Juans Schriften sind geradezu voll davon. Was sie alle darunter verstehen, hat bereits Augustinus (354-430) in die Aufforderung gekleidet: »Du, Mensch, erkenne, daß du Mensch bist. Deine ganze Demut bestehe darin, daß du dich erkennst.«[8] Ihrer aller Überzeugung und Erfahrung nach kann eine lebendige Gottesbeziehung nur in dem Maße reifen, wie man zu einer ehrlichen Sicht von sich selber findet. Demut - das ist nicht sich duckende und kuschende Verdemütigung, sondern der »Mut«, vor Gott der zu sein, der ich bin, ein Mensch mit seinen Stärken und mit seinen Schwächen. Teresa von Avila, Juans Schwester im Karmel, hat Demut (humildád) als »Wandel in der Wahrheit (andar en verdád)«[9] definiert und in ihr - wie er - das unumgängliche Fundament gesehen, auf dem allein das Haus der Beziehung gebaut werden kann. Gemeint ist eine Haltung, die Jesus der frömmelnden Heuchelei entgegenstellt (vgl. bes. Mt 6,5) und die wir heute wohl am besten mit »Echtheit« und mit »Ehrlichkeit« umschreiben können.

---

[8] Traktat über das Johannesevangelium 25, 16.
[9] Innere Burg VI 10, 8.

Es muß gewiß nicht näher begründet und erläutert werden, daß, was für die Gottesbeziehung gilt, hier wiederum auch für den mitmenschlichen Umgang Bedeutung hat. Mit einer Fassade, der meinen oder der meines Gegenüber, sei sie noch so schön herausgeputzt, läßt sich Beziehung nicht leben...

Die Haltung der Geschwisterlichkeit ist in ihrem Kern nicht nur »aufmerken« zum anderen hin als zu einem Du, sondern Hinwendung eines *Ich*, eines *ehrlich und echt sich zeigenden Ich* zu einem Du. Sie gelingt in dem Maß, indem ich mich öffne, Kritik annehmen, Fehler eingestehen, zu eigenen Schwächen stehen und mit dem anderen über mich lachen kann. - Juan ist ein solcher Mensch geworden, und wer sich den Anweisungen seiner Schriften zu ehrlicher Selbsterkenntnis aussetzt, tut etwas überaus Gutes nicht nur für seine Frömmigkeit, sondern auch für ein geschwisterliches Miteinander in dem Stück Welt, in dem er lebt.

»Loslassen«

Zum häufig gebrauchten Vokabular Juans gehören auch Worte wie »Abtötung (mortificación)«, »Losschälung (desnudez)« oder »Läuterung (purgación)«.[10] Sie klingen eher lebensverneinend und angsterregend in unseren Ohren, und das ist in der Tat ein Grund dafür, daß spätere Generationen Juans Absichten mißverstehen konnten. Wir würden sie unserem heutigen Sprachgefühl entsprechender mit »Loslassen« und »Hergeben« übersetzen müssen, doch gültig bleibt, was sie inhaltlich meinen. Juan weiß nur zu gut, als Seelsorger ebenso wie sicher auch aus der persönlichen Erfahrung, daß der Mensch dazu neigt, an dem hängen und haften zu bleiben, was er sich zu eigen gemacht hat: an materiellen

---

[10] Vor allem im »Aufstieg zum Berg Karmel«.

Gütern, aber auch an Meinungen, an inneren Empfindungen, an Verhaltensweisen und Gewohnheiten, an Absichten und Plänen... Der darauf »fixierte« Mensch ist dann gegenüber Gott nicht frei, sucht vielleicht gar nicht (mehr) ihn, sondern - in der Regel unbewußt - im Mantel des Betens und religiösen Lebens die Bestätigung und die Legitimation seines eigenen Denkens und Handelns. Loszulassen und herzugeben sind auch Bilder und Vorstellungen, die er sich von Gott selber gemacht hat oder die durch Erziehung und Prägung in ihn hineingelegt wurden. Juans Weg der Mystik ist in dieser Hinsicht ein lebenslanger Prozeß der »Läuterung« und »Reinigung« von solchen Fixierungen, damit nicht »Götzen« und »Projektionen«, sondern Gott in seiner unausschöpflichen Wirklichkeit das Ziel des inneren »Aufmerkens« wird.

Es liegt wiederum auf der Hand, daß auch der mitmenschliche Umgang miteinander des Loslassens bedarf. Gerade die eben genannten Fixierungen sind es, die allem guten Willen und allen geistlichen Vorsätzen zum Trotz auch ein Leben in Gemeinschaft zur Hölle machen können. Die Erfahrung zeigt sogar, daß christliche Gemeinschaften oftmals mehr davon betroffen sind als »weltliche« Partnerschaften, Teams und Gruppen, da hier nur allzu schnell mit dem »Mantel der Liebe« zugedeckt wird, was eigentlich »geläutert« werden müßte, oder ein gesunder Streit verhindert wird, weil doch alle »ein Herz und eine Seele« sein und christliche Kommunitäten der Welt ein »Zeichen der Liebe« geben müßten. Der Volksmund weiß sehr gut um diese Tatsache, wenn er schmunzelnd sagt: »Auf jedem Hause sitzt ein Teufelchen, auf dem Pfarrhaus sitzen zwei und auf dem Kloster mindestens vier.« Das wirkliche Zeichen der Liebe wird dort gelebt, wo man die Auseinandersetzung nicht scheut, sich in seinen Meinungen und »Prinzipien« in Frage stellen läßt, wo man vor allem auch einander »läßt« und *sein* läßt - und das »Bild« hergibt, das man sich voneinander gemacht hat: denn nicht nur Gott, auch der Mitmensch ist immer der »ganz Andere«, den kennenzulernen ein lebenslanges Abenteuer ist. Die Christen der Urgemeinden waren nicht »ein Herz und eine Seele«, sondern hatten - so müssen wir die viel zitierte Stelle in der Apostelgeschichte (4,32) sinnentsprechender übersetzen - ihre »*Herzen und Seelen gemeinsam*« (wie sie auch ihr Hab und Gut gemeinsam hatten), die »fixierten« Herzen, die im gesunden Miteinander auf das Reich Gottes hin zu »reinigen« und in ihrem jeweiligen Anderssein zu (er-)tragen sie als ihre Aufgabe sahen.

Geschwisterlichkeit ist in ihrem inneren Kern, ebenso wie die Mystik, ein *Los*lassen, um sich *ein*lassen zu können, ein Hergeben um der Liebe und der Wahrheit, letztlich um der Eigenheit des anderen willen. Die schöne Frucht dieser »Tugenden« ist nicht nur die geschwisterliche Gemeinschaft, sondern auch die wachsende innere Freiheit des einzelnen von allem, was ihn letztlich nur versklavt und sich selbst entfremdet.

Mystik ist ein Weg, ein lebenslanger »Umformungsprozeß«[11], sagt Juan. Geschwisterlichkeit ist es nicht weniger. Und beides gehört tatsächlich so eng zusammen, daß ein Reifen im einen immer nur im gleichen Schritt mit dem anderen gelingt und das eine zur Schule des anderen wird. - Geschwisterlichkeit ist uns heute geradezu um des Überlebens willen aufgetragen. Sie ist - gleich, mit welchen Vokabeln wir sie benennen - das Schlüsselwort für die Zukunft der Menschheit, für das Miteinander zwischen Männern und Frauen, Erwachsenen und Kindern, zwischen Völkern, Kulturen und Religionen, zwischen Einheimischen und Fremden, zwischen Freunden und »Feinden«. Ein neues Wort freilich macht allein noch kein geschwisterliches Leben. Ich bin davon überzeugt, daß wir vor allem bei denen, die wir »Mystiker« nennen - aus dem Raum der verschiedensten Religionen(!) - lernen können, es mit Inhalt zu füllen.

Im Dunkel des »Kreuzes«...*

Ein mehrfach bezeugtes, »ureigenes« Jesus-Wort sagt: »Wer nicht sein Kreuz trägt und mir nachfolgt, kann nicht mein Jünger sein.« Lukas hat es uns, leicht abgewandelt, gleich zweimal überliefert (9,23 und 14,27), in ähnlichem Wortlaut auch Markus (8,34) und ebenfalls zweimal Matthäus (10,38 und 16,24). Jesus richtet es an den Kreis derer, die mit ihm durch Galiläa wandern, wie auch an die »großen Volksscharen« (Lk 14, 25), die zu ihm kommen und ihm zuhören. Die Christen werden später beim Hören (oder Verkünden und Auslegen) dieses Wortes spontan an die Leiden und Mühsale ihres eigenen Lebens denken, an das verschiedenartigste »Kreuz und Leid«, dem der Mensch in dieser Welt ausgesetzt ist. Ein echter Jünger Jesu, so verstehen es dann viele, erträgt geduldig Krankheit, Unrecht und Not - wenn auch Herz und Verstand voller Leidenschaft dagegen rebellieren möchten. Nicht wenige im Laufe der christlichen Jahrhunderte haben - gewiß aus großer Liebe zu Gott - sogar das Leiden *gesucht*, um ihrem Herrn und Gott ähnlich zu werden...

Nicht erst heute gibt es andere, die diese »Kreuzesmystik« anfragen. Will Gott wirklich, daß der Mensch leidet? Hat Jesus wirklich verkündet, daß der Jünger jedes Leiden ohne jedes Aufbegehren auf sich nehmen muß, wenn er ihm mit ganzer Liebe angehören will? Und läßt wirklich jedes Leid die Liebe wachsen, zerbrechen nicht auch viele daran? Sind Krankheit, Not und erlittenes Unrecht nicht auch die tiefsten Wurzeln von Aggression, Gewalt und Vergeltung, von Resignation und - Abkehr

---

* Vortrag vor den Priestern eines Bistums, Karwoche 1987.

von Gott? Ist wirklich »Heil« in all dem Leid der Welt, auch, zum Beispiel, in den grauenhaften Demütigungen des gegenwärtigen Völkermords in mehreren Regionen der Erde...?

Das »Geheimnis des Kreuzes« im priesterlichen Leben

Solche Fragen begegnen uns Seelsorgern heute nicht selten. Wie antworten wir darauf? - Die Not, die sich hinter den Augen der Fragenden verbirgt, und die mutige Ehrlichkeit, mit der unseren »religiösen« Tröstungen auch widersprochen wird, zwingen uns dazu, gründlich zu überdenken, was wir sagen.

Ein erster, unverzichtbarer Schritt besteht wohl darin, daß wir nach dem »Geheimnis des Kreuzes« in unserem eigenen Leben fragen. Einsam sein, mißverstanden werden (auch von Mitbrüdern in Bistum und Dekanat, im Konvent), Ablehnung erfahren, die schwindende Zahl der Gottesdienstbesucher, Zölibatsbewältigung, Trostlosigkeit und Dunkelheit im Gebet, Not erleben und oftmals nicht helfen können, gestreßt sein durch Verwaltungsarbeit und zunehmende Aufgaben in der Pastoral, Krankheit und Altersnöte... - solche und ähnliche Stichworte werden sich dabei wohl in Menge zusammentragen lassen. Wie gehe ich mit solchem, mit meinem »Kreuz und Leid« um? Welche Antwort aus dem Glauben trägt *mich* durch die Nöte *meines* Lebens?

Ich gestehe, daß ich mich ein wenig überfordert fühle, gestandenen und im Leid weit mehr als ich erfahrenen Mitbrüdern für dieses Nachdenken geistliche Hilfe anzubieten, und daß ich dem Thema »Vom Geheimnis des Kreuzes im priesterlichen Leben«, zu dem zu sprechen ich eingeladen wurde, zunächst ausweichen wollte. Dann habe ich mich in der biblischen und systematischen Theologie umgeschaut und mich schließlich an »meine«

geistlichen Meister erinnert, an die Lehrer der Kreuzesnachfolge in der Geschichte der Kirche, und habe gefragt: Was würden sie zu diesem Thema sagen? Was ich gefunden habe, kann ich guten Gewissens immerhin weitersagen.

Im Blick auf den Gekreuzigten

Die Erkenntnisse derer, die heute mit ernst zu nehmender fachlicher Kompetenz nach dem Sinn des eingangs zitierten Jesus-Wortes forschen, kann für unser Nachdenken hilfreich sein:

Als Jesus vom Kreuz sprach, so sagen uns Bibelwissenschaftler schon seit mehreren Jahrzehnten, meinte er das *Kreuz* (!), das Hinrichtungswerkzeug der römischen Besatzungsmacht, das damals allgegenwärtig drohend nicht nur über (schon kleinen) Verbrechern schwebte, sondern über jedem aus dem Volk, der sich unbeliebt machte. »Sein Kreuz tragen« meint im Munde Jesu »das An- und Aufheben des Patibulums (des schweren Querbalkens; R.K.), das der Verurteilte zur Richtstätte mit ihren Kreuzespfählen zu schleppen hatte«, erläutert genauerhin Heinz Schürmann in seinem Kommentar zum Lukasevangelium.[1] Erst *nach* Jesu Tod und Auferstehen wird das Kreuz - *das* Kreuz, an dem Jesus starb - zum *Symbolwort* »Kreuz«. »Als sprichwörtliche Wendung läßt sich dieser Ausdruck in der jüdischen Literatur zur Zeit Jesu nicht nachweisen«, stellt Josef Schmid fest[2] und kommentiert, das Wort vom Kreuztragen dürfe daher zunächst einmal nicht als »geduldiges Ertragen der Leiden und Widerwärtigkeiten des Alltags verstanden werden, sondern bedeute(t) etwas viel

---

[1] Das Lukasevangelium. Erster Teil, Freiburg 1969 (Leipzig 1970), 541.
[2] Das Evangelium nach Markus, Regensburg 1958 (Leipzig 1966), 166f.

Radikaleres«[3]. Wer ihm, dem Herrn und Meister, hinterhergeht, wer wie er von Gott denkt und spricht, und wer wie er im Geiste seines Gottes handelt, der wird mit Unverständnis, Ablehnung, Ausgrenzung und Feindschaft, ja gegebenenfalls mit dem Martyrium rechnen müssen - *das* will Jesus sagen. »Nur ein Vorurteil kann es für geschichtlich unmöglich halten«, betont Heinz Schürmann, »daß Jesus in einer Zeit, da die römischen Kreuze in Palästina wie Bäume aus dem Boden wuchsen und in der Messiaserwartungen an ihn herangetragen wurden, die Martyriumsbereitschaft - in der Form nicht der jüdischen Steinigung, sondern der römischen Kreuzigung - Nachfolgewilligen als einzukalkulierende Möglichkeit hingestellt hat.«[4]

Schon Lukas selbst fügt freilich in einem seiner beiden Zitate dieses Jesus-Wortes für seine nachösterlichen Hörer hinzu: »... und nehme *täglich* sein Kreuz auf sich ...« (9,23). Damit mache er deutlich - ähnlich wie Paulus (vgl. Röm 8,36; 1 Kor 15,31; 2 Kor 4,10f) -, daß er auch »die täglichen Beschwerden und Bedrängnisse des Christenlebens ›asz etisch‹ als ›Kreuz‹ versteht«, erläutert Heinz Schürmann.[5] Im Rückblick auf den Kreuzestod Jesu wird nun das Kreuz zum Bild *aller* Leiden; oder richtiger formuliert: der *gekreuzigte Jesus Christus* wird zum *Urbild aller Leidenden*. Lukas und die anderen Autoren der neutestamentlichen Schriften fordern nicht zum Leiden auf, sie weisen vielmehr einen Weg, wie das Leiden, worum immer es sich handelt, zum »Kreuz« *werden* kann: wie es *in persönlicher Gemeinschaft* mit dem Auferstandenen so bestanden werden kann, *wie Jesus Christus es an seinem Kreuz bestanden hat*.

---

[3] Ebd. 166.
[4] AaO. 542.
[5] AaO. 541.

Denn auch darin sind sich nicht erst die Theologen von heute einig: Die Mitte des Kreuzesgeschehens auf Golgotha ist nicht im äußeren Ablauf, sondern im Innern, im Herzen des Gekreuzigten zu suchen. Nicht die Hinrichtung und die Todesqualen, die Jesus erleiden mußte, wurden für uns zum Heil, sondern seine Hingabe, Jesu Sterben im »für«, wie Paulus in seinen Briefen immer wieder meditiert. *Nicht das Kreuz, sondern der Gekreuzigte* hat uns erlöst - und zwar nicht dadurch, daß er das Kreuz (und »Kreuz« in Menge) erlitten hat, sondern dadurch, *wie* er dieses Kreuz bestand.

In seinen exegetisch exakten und zugleich geistlich tiefen Schriften zur Person des menschgewordenen Gottessohnes hat Heinz Schürmann schon in den siebziger und achtziger Jahren deutlich herausgearbeitet, wie Jesus in dieser äußersten Leidenssituation von Golgotha seinem innersten Geheimnis - das zugleich seine Sendung ist - treu blieb.[6] Nach Heinz Schürmann, ebenso nach Joachim Gnilka, der 1990 die »Leben-Jesu-Forschung« der letzten Jahrzehnte zusammenfaßte[7], läßt sich dieses innerste Lebensgeheimnis Jesu erst von seinen ebenfalls »ureigenen« Worten »Abba« (lieber Vater) und »Reich Gottes« her annähernd verstehen. Gott als der »Abba« (diese Anrede im Munde Jesu sprengt alle menschlichen Gottesbilder!) - das ist *der* Lebensinhalt Jesu; und das »Reich Gottes« - das ist d*ie* Sendung Jesu, sein »großer Wunsch«[8], seine Sehnsucht für uns Men-

---

[6] Siehe vor allem: Jesu ureigener Tod. Exegetische Besinnungen und Ausblick, Freiburg-Basel-Wien 1974; Gottes Reich - Jesu Geschick. Jesu ureigener Tod im Licht seiner Basileia-Verkündigung, Freiburg-Basel-Wien 1981; Das Gebet des Herrn als Schlüssel zum Verstehen Jesu, Leipzig [7]1990.
[7] Jesus von Nazareth. Botschaft und Geschichte (Herders theologischer Kommentar zum Neuen Testament, Supplementband), Freiburg- Basel-Wien 1990, vgl. vor allem 87ff.
[8] *Heinz Schürmann*, Das Gebet des Herrn (Anm. 6), 54.

schen, für die ganze Schöpfung des Vaters. Anders formuliert: Jesu innerste Beziehung zu Gott, der sein »Abba« ist, ist das Geheimnis seines Herzens, sein ganzes Leben hindurch; daß diese Beziehung zum »Abba«, so wie er selber sie erfährt und lebt, auch in uns - und unter uns - immer mehr Wirklichkeit wird, das ist seine Sehnsucht. Und Gott als den »Abba« aller Geschöpfe zu offenbaren, zu verkünden, daß das »Reich« dieses »Abba« schon »nahe gekommen« ist, daß also das In-Beziehung-Sein mit Gott, miteinander und mit aller Schöpfung zumindest anfanghaft - senfkorngleich - schon da und schon möglich ist und sich - senfbaumgleich - in ewige Ewigkeit hinein vollenden wird, das ist Jesu Sendung.

Dieser Jesus, auf den die Christen von Frühzeit an in ihren Leiden schauen, hat das Kreuz und das »Kreuz« nicht gesucht noch hat er es fatalistisch als »Schicksal« auf sich genommen. Oft genug ist er ihm aus dem Weg gegangen. Doch als es in Gestalt der Anklage wegen Gotteslästerung durch den Hohen Rat und der Verurteilung durch den zuständigen römischen Statthalter zum Tod durch Kreuzigung unausweichlich auf ihn zukam, hat er darüber sein Lebensgeheimnis und sein Herzensanliegen nicht preisgegeben. Sein innerster Reichtum und seine Sendung, seine Liebe zum Vater und seine Sehnsucht nach dem Heil der Menschen waren ihm wichtiger als das »Scheitern« am Kreuz! Gerade dadurch hat er es besiegt. Auf Golgotha hat er gezeigt und vollzogen, daß es etwas Größeres gibt als alle Leiden dieses Lebens, ja selbst als die Grausamkeiten, die der Mensch dem Menschen und dem Herzen Gottes antun kann! Jesus hat sein »Bild« von Gott und seine Liebe zum »Abba« nicht aufgegeben, auch als dieser ihm nach dem Ölberggebet den Leidenskelch nicht aus dem Weg räumte; er hat zu ihm geschrien und sterbend seinen Geist in des Vaters Hände gelegt, also auch dann noch, als die Beziehung zu seinem »Abba« in seiner Seele nicht mehr »erfahrbar« und die Dunkelheit der Gottesferne über ihn hereingebrochen war. Und zugleich ist er seinem »Bild« vom Menschen und seiner tiefsten Sehnsucht für ihn treu geblieben, auch als Menschen ihn in religiöser Blindheit verurteilten und auch als Menschen ihn umbrachten; noch die Henker, die ihm die Nägel ins Fleisch schlagen, »entschuldigt« er beim Vater – »Abba, vergib ihnen, sie wissen nicht, was sie tun« (Lk 23,34) – und offenbart und bestätigt so – wie Gisbert Greshake sagt – »die törichte Liebe Gottes, die den Menschen nie aufgibt«[9].

Zwei Grundgedanken lassen sich aus diesen Erkenntnissen als Antwort auf die Frage nach dem rechten Verständnis unseres Jesus-Wortes herleiten.

Der erste: Jesus fordert nicht widerspruchsloses Ertragen oder gar Suchen von Leiden, *sondern macht auf die Konsequenzen aufmerksam*, die – wie für ihn selber – *für den* entstehen können, *der sich seinem Denken, Reden und Handeln anschließt* und in treuer Gemeinschaft mit ihm leben will, damals wie heute.

Und der zweite: Jesus verherrlicht das Leiden nicht, weder Ablehnung und Martyrium um des Glaubens willen noch Krankheit, erlittenes Unrecht und was auch immer leiden macht; in seinem eigenen Kreuzweg zeigt er vielmehr, wie alles mögliche Leid der Welt *zum »Kreuz« werden* kann, wenn man darin ihm und seiner Botschaft von der alles umgreifenden, grenzenlosen Liebe und Wahrhaftigkeit seines »Abba«-Gottes treu bleibt.

---

[9] Heil und Unheil? Zu Bedeutung und Stellenwert von Strafe und Sühne, Gericht und Hölle in der Heilsverkündigung, in: Theologisches Jahrbuch 1986 (48-72), 58.

Mit dem Gekreuzigten leben, nicht mit dem »Kreuz«

Die Heiligen des Karmel sind ein Beispiel für die vielen Christen in der langen geistlichen Tradition der Kirche, die trotz mancher fragwürdigen »Kreuzesmystik« im Umfeld ihrer Zeit, von der freilich auch ihr eigenes Leben geprägt wurde, den Weg echter Kreuzesmystik fanden. Wenigstens summarisch, in ein paar Streiflichtern, sollen sie hier zu Wort kommen.

Kreuzesnachfolge ist Leben mit dem Gekreuzigten, nicht mit dem »Kreuz« - so darf man wohl die zentrale Auskunft zusammenfassen, die sie und viele andere »geistliche Meister« der Kirche uns diesbezüglich in Wort und Tat zu geben haben. Im Mittelpunkt ihrer Aufmerksamkeit steht Christus. Er ist für sie ein real existierender, verborgen-gegenwärtiger Lebenspartner, ihn lieben sie und von ihm wissen sie sich geliebt, er ist ihr Herr, ihr Freund, der Geliebte ihres Herzens. Mißerfolg, Krankheit, Ablehnung und Mühsal aller Art gehören ihrer Auffassung nach grundsätzlich einfach zum Leben dazu. Sie anerkennen, daß ihr Leib und ihr sich nach Vollkommenheit sehnender Geist in den Organismus einer noch unvollendeten, unfertigen Schöpfung eingebunden ist. Mit dem Psalmisten stellen sie ruhig und nüchtern fest: »Unser Leben währt siebzig Jahre, und wenn es hoch kommt, sind es achtzig. Das Beste daran ist nur Mühsal und Beschwer...« (Ps 90,10). Man soll sich doch den Leiden, wenn sie nicht aus der Welt zu schaffen oder wenigstens zu umgehen sind, »wie ein Soldat Christi« stellen, ermuntert Teresa von Avila ihre Schwestern[10], und im Blick auf ihre Ordensbrüder und die Priester der Kirche spöttelt sie: »Im Falle von schwachen Frauen, wie ich eine bin, scheint es mir schon angebracht, daß Gott sie beschenkt, damit sie wenigstens ein paar Mühen durchstehen kön-

---

[10] Weg der Vollkommenheit, Kap. 3,1.

nen. Aber im Fall von Dienern Gottes, gestandenen Mannsbildern, studiert, intelligent - wenn ich sehe, daß sie viel Aufhebens machen, schon wenn Gott ihnen zeitweilig kein innerliches Wohlgefühl schenkt, dann macht mich das ganz krank!«[11] Weil das Schwere und Leidvolle, das sogenannte »Kreuz«, für unsere geistlichen Vorbilder zum Leben gehört, ist es auch selbstverständlicher »Bestandteil« ihrer Christusfreundschaft. Sie beklagen es nicht, wenn sie auch klagen (!), und sie lieben es nicht - es ist ihnen Hindernis genug (!) in ihrem apostolischen Eifer für das Reich Gottes. Es geht ihnen zu sehr um seine Anliegen, als daß sie Zeit und Interesse hätten für die eigenen Kümmernisse. So manche Nöte lasten ihnen dadurch nicht zentnerschwer auf dem Nacken, in der Freundschaft mit Christus wurde tatsächlich »das Joch süß und die Bürde leicht« (Mt 13, 11); und das wirklich Schwere nehmen sie auf sich in dem Wissen, es nicht allein tragen zu müssen - ohne es dabei zu bagatellisieren: »Hätte ich den Glauben nicht, ich hätte, ohne einen Augenblick zu zögern, mir längst das Leben genommen«, bekennt Therese von Lisieux auf ihrem Krankenlager[12]; und mit der gleichen Ehrlichkeit gesteht sie: »Nie würde ich Gott darum bitten, daß er meine Leiden vergrößert... Würde ich um Leiden bitten, so wären es meine eigenen; ich müßte sie allein tragen. Doch noch nie habe ich etwas ganz allein vollbringen können.«[13]

Als Johannes vom Kreuz einmal vor dem Bild eines kreuztragenden Christus steht, wünscht er sich: »Herr, Mühsal erleiden und geringgeachtet werden für dich.«[14]

---

[11] Leben (Autobiographie), Kap. 11,14.
[12] Ich gehe ins Leben ein. Letzte Gespräche der Heiligen von Lisieux, Leutesdorf ²1982, 217 (22. September, 6).
[13] Ebd. 159f (11. August, 3).
[14] *Ulrich Dobhan / Reinhard Körner*, Johannes vom Kreuz. Die Biographie, Freiburg-Basel-Wien 1992, 178.

Ähnliche Worte sind uns von mehreren Heiligen bekannt. Das darf nicht so verstanden werden, als sehnten sie sich nach Krankheiten und Bedrängnissen - davon hatten sie meistens ohnehin schon genügend. »Mühsal erleiden und geringgeachtet werden« mußte sich auch ein Johannes vom Kreuz nicht erst wünschen, er hatte dies von Kindheit an zur Genüge; aber alle Geringschätzung, die ihm zum Zeitpunkt dieses Wunsches von einigen Mitbrüdern seines Ordens massiv entgegenschlug, »*für dich*« durchtragen, ohne auch nur einen von ihnen schlechtzumachen, das war sein tiefster Wunsch. Ulrich Dobhan OCD kommentiert: »...das heißt: Ich möchte mit dir leben, Herr, in guten und in bösen Tagen, in Gesundheit und in Krankheit, wenn ich Verehrung und wenn ich Verachtung erfahre... - Worte, wie sie sich Liebende am Traualtar sagen. Die über vier Jahrhunderte viel gebrauchte Formel ›Leiden und verachtet werden‹ hat das ›für dich, Herr!‹ unterschlagen und damit wohl nicht wenige Menschen - bis in unsere Tage hinein - in eine krankmachende, mit Frömmigkeit verbrämte Leidenshaltung geführt, die freilich jeden gesund empfindenden Menschen abstoßen muß. Und dem hl. Johannes vom Kreuz hat man damit einen denkbar schlechten Dienst erwiesen!«[15] Nach allem, was wir heute über diesen Heiligen wissen, über seine Gesamtsicht von geistlichem Leben und über seine Art tiefer Christusbeziehung, dürfen wir seinen Wunsch sogar auch so verstehen, daß er dabei nicht so sehr an die eigenen Leiden, sondern an den Schmerz dessen dachte, den er auf dem Bild vor sich sah: Ich möchte dich in *deinem* Leiden nicht allein lassen, mein Herr...! Eine scherzende Bemerkung gegenüber seinem Bruder Francisco, dem er von diesem Wunsch erzählte, scheint diese Deutung zu bestätigen:

---

[15] In: *Reinhard Körner*, Johannes vom Kreuz. Gestalt - Begegnung - Gebet (Reihe: Meister des Weges), Freiburg-Basel-Wien 1993, 90.

»... Darum bat ich unseren Herrn, und er - er hat alles so gefügt, daß ich eher unter vieler, ganz unverdienter Ehre leide, die man mir erweist.«[16] »Herr, wohin du gehst, dorthin muß auch ich gehen«, betet - wohl in einer ähnlichen Begegnung - Teresa von Avila, »und was du durchleidest, das will auch ich durchleiden... Gehen wir gemeinsam, Herr.«[17]

Die echte christliche Kreuzesmystik unterscheidet sich von einem religiös umkleideten »Masochismus« - dem nicht selten anderen gegenüber ein mit Belehrungen wie »Trag dein Kreuz und halte still!« ummäntelter »Sadismus« einhergeht - dadurch, daß der Betreffende eben nicht das »Kreuz«, sondern die mitleidende Gemeinschaft sucht - mit dem geliebten Christus in *dessen* Leid ebenso wie mit den Mitmenschen in *ihren* Nöten. Wie sehr war ein Johannes vom Kreuz bemüht, den Mitbrüdern in Krankheiten ihre Leiden zu erleichtern, keine finanzielle Ausgabe war ihm dafür zu hoch, kein Bettelgang in die Häuser der Begüterten schon dem jugendlichen Hospitalhelfer zu peinlich. Und Teresa, Therese und die anderen »Großen« in der Geschichte des Karmel und der Kirche standen ihm darin nicht nach. Sie traten gegen das Leiden an, wo immer es ihnen begegnete. Auch ist den echten Kreuzesmystikern der Gedanke fremd, durch selbst auferlegtes und gesuchtes Leiden könnten sie für sich oder für die Kirche Heil erwirken.

»Unser Ziel ist die Vereinigung mit Gott, unser Weg der gekreuzigte Christus, das Einswerden mit ihm im Gekreuzigtwerden«, so lautet Edith Steins Kernsatz in der »Kreuzeswissenschaft«[18], dem letzten und reifsten - durch die Gefangennahme und den Abtransport nach Auschwitz unvollendet gebliebenen - ihrer Werke. Es

---

[16] *Ulrich Dobhan / Reinhard Körner,* Johannes vom Kreuz (Anm.14), 178.
[17] Weg der Vollkommenheit, Kap. 26,6.
[18] Kreuzeswissenschaft. Studie über Joannes a cruce, Freiburg ²1954, 56.

gab das »Geheimnis des Kreuzes« in ihrem Leben, weil es das Geheimnis des »Einswerdens«, der in aller menschlichen Armseligkeit stets neu gesuchten *Lebensgemeinschaft* mit dem Jesus Christus gab, der in seinem »Kreuz« und an seinem Kreuz der Liebe treu geblieben war. Aufgrund dieses urpersönlich verwirklichten, »psychologisch greifbar« innerlich vollzogenen Zugewandt- und In-Beziehung-Seins mit dem, der in diese »kreuz«-volle Welt das Licht der Liebe und der Auferstehung gebracht hat, konnten sie und ihresgleichen
- Gott treu bleiben, der das Leid »zuläßt«,
- den Mitmenschen, die ihnen und ihren Freunden Unrecht zufügten, und dem Glauben an »das Gute« in ihnen treu bleiben,
- der Welt als guter, auf die Vollendung in der Ewigkeit hin angelegter Schöfung treu bleiben, obwohl sie ihnen Krankheiten und vielen von ihnen lange Todesleiden bescherte,
- sich selbst, an deren Unvollkommenheit andere zu leiden hatten, als von Gott gewollten und geliebten »Söhnen und Töchtern« treu bleiben.

Und sie wußten, daß es sich lohnt, gegen jedes Leid in dieser Welt nach Kräften anzugehen, weil nicht das »Kreuz« und nicht das Kreuz, sondern das Leben - das Leben auf ewig - das letzte Wort haben wird.

Schlußfolgerungen

Im Blick auf den menschgewordenen Jesus Christus und auf die geistlichen Vorbilder des Karmel - wie gesagt: sie sind hier nur als Beispiel für viele andere in der langen Geschichte der Christusnachfolge genannt und nur in ihren diesbezüglich wesentlichen Grundzügen dargestellt - lassen sich einige Schlußfolgerungen ziehen, ein paar Markierungen abstecken, zwischen denen wir auch heute den »schmalen Pfad« des Evangeliums finden können, der in christlich-authentische Kreuzesnachfolge führt.

1. Es gibt - nüchtern betrachtet - wohl viel weniger »Kreuz« in unserem Leben, als da und dort gewöhnlich davon gesprochen wird. Es gibt Einsamkeit, Mißerfolg, Ablehnung, einander zugefügtes Unrecht, Glaubensnacht, Krankheit und Mühsal aller Art - all das ist aber noch nicht aus sich heraus »Kreuz« im eigentlichen, ursprünglich-christlichen Sinne. Zum »Kreuz« werden die vielfältigen Leiden erst, wenn wir sie - in aller Armseligkeit - *mit* Jesus Christus und *wie* Jesus Christus zu bestehen versuchen.

2. In sich haben Mühsal und Leiden keine Heilskraft, weder für uns selber noch für andere. Heil ist nur in dem zum »Kreuz« gewordenen Leiden, in der »törichten Liebe«, die Gott gestattet, uns Schweres und Schmerzliches zuzumuten, und die ihm treu bleibt auch in der Erfahrung seiner Nichterfahrbarkeit. Und Heil ist in der »törichten Liebe«, die jedem anderen das »Reich Gottes« wünscht und ersehnt, auch dem, der mir weh und unrecht tut.

3. Das »Geheimnis des Kreuzes« tritt - menschlicherseits - nur durch eine mit dem eigenen Herzen mitvollzogene und auf die persönliche Existenz bezogene Christusfreundschaft in unser Leben. Es kann gar nicht anders sein: Nur wenn wir unser Ohr an seinem Herzen haben, erhalten wir uns das Gespür für sein Lebensgeheimnis, für seinen »Abba« und für sein »Reich Gottes«; und nur dann können die zum großen Teil ohnehin zum »irdischen Pilgerleben« gehörenden Nöte zum »Kreuz« werden. Dabei wird vom subjektiven Erleben des Einzelnen her nicht immer klar abgrenzbar sein, wann wir mit Christus »Kreuz« tragen und wann (noch) nicht. Das wird und darf von der Leidenssensibilität des Einzelnen

abhängen. Was den einen bereits als schweres »Kreuz« drückt, mag dem anderen erst die Freude an Wagnis und Abenteuer entlocken.

4. Resignation wie Verbitterung - als Reaktionen gegenüber einem unabänderlichen Leid menschlich sehr verständlich und auf spezifische Weise auch unter uns Christen, gleich welchen »hierarchischen Standes«, verbreitet - sind gleichermaßen untrügliche Zeichen dafür, daß wir die Lebensgemeinschaft mit Christus praktisch verlassen haben oder zur Zeit nicht oder noch nicht in ihr leben: Der Resignierte lebt im Monolog mit sich selbst, nicht im Dialog mit dem Herrn; er sieht zunächst einmal sich selber und vergißt angesichts seiner Leiden das Anliegen Jesu, in dessen Sendung er für die Mitmenschen und für die Schöpfung steht - die Sorge um die eigene Haut ist ihm im Moment wichtiger. Der andere, der in Verbitterung gerät, lebt primär mit seinen Idealen und Prinzipien, mit seinen Ideen und Plänen - mit durchaus religiösen Prinzipien vielleicht, mit kirchlichen Plänen und pastoralen Ideen, mit humanitären, sozialen und politischen Idealen; im Angesicht der Ereignisse, die sie durch»kreuzen«, sind sie ihm wichtiger als das Anliegen Jesu für unsere Welt, von dem er vielleicht über seinem eigenen Denken und Planen lange nichts mehr »gehört« hat. Und zwischen Resignation und Verbitterung mag es noch manchen »goldenen Mittelweg« geben. Das »Kreuz« ist weder das eine noch das andere noch der »goldene Mittelweg«. Das »Kreuz« ist der »schmale Pfad«, den auch wir Seelsorger in der Tat wohl seltener gehen, als wir meinen oder glauben machen. Dieser »schmale Pfad« sieht die Leiden und Unliebsamkeiten des Lebens als *Aufgabe:* es gilt, sie *mit Christus aus der Welt zu schaffen* oder sie - wo sie gegenwärtig wirklich (!) unabänderlich sind - *mit Christus zum »Kreuz« umzuschmieden.*

5. Jede Mystifizierung geht am Mysterium des Kreuzes vorbei. Die Gefahr ist bekanntlich groß, daß reine Selbstbemitleidung vorschnell als »Opfer« oder gar als »Sühne« verbrämt wird. Die authentisch-christliche Bedeutung von Opfer, Stellvertretung und Sühne leitet sich aus nichts anderem als aus jener Haltung her, mit der Jesus Christus sein Kreuz bestand. Gerade auch in der Kreuzesfrömmigkeit tun wir daher gut daran, die frommen Gemeinplätze, die im Umlauf sind und die wir oftmals viel zu unbesehen in Umlauf halten, immer wieder nach ihrem Wahrheitsgehalt zu hinterfragen; und wir tun gut daran, auch der persönlichen Kreuzesfrömmigkeit gegenüber immer mit ein wenig »Furcht und Zittern« (Phil 2,12) zu begegnen.

6. Das viel beschworene »Geheimnis des Kreuzes im Leben des Christen« ist letztlich wohl weniger bei uns selbst als vielmehr *im Herzen Jesu* - auch des auferstandenen, jetzt lebenden Jesus Christus (!) - zu suchen: es berührt mein Leben vor allem durch die Tatsache, daß Gott, der Gott, der sich in Jesus gezeigt hat, *meine Leiden mit mir leidet*. - Wenn ich dieser »Solidarität« Gottes glauben kann, muß ich den Unbilden meines Lebens keinen Sinn mehr *geben*, muß sie weder »aufopfern« noch als »Sühne« oder »stellvertretendes Leiden« ver*zweck*en.- Sie *haben* dann ihren Sinn: Sie sind Bestandteil einer Welt im Werden; sie fordern mich heraus, aktiv an der Vollendung einer Welt mitzuwirken, die auf ein großes Ziel hin »in Geburtswehen liegt« (Röm 8,22), indem ich ihnen - den eigenen und denen anderer - entgegentrete, wo immer ich kann; und sie geben mir Gelegenheit, dem Schöpfer dieser Welt zu vertrauen, daß er weiß, was er uns mit ihr zugemutet hat.

7. Nicht zuletzt berührt das »Geheimnis des Kreuzes« mein Leben dort, wo *Gott* an *mir* leidet. Besteht doch

gerade das tiefste Geheimnis, aus dem wir Priester und Seelsorger leben, darin, daß dieser Jesus Christus, dem das Reich seines Vaters für diese Welt so sehr am Herzen liegt, sich nicht scheut, Menschen wie uns - wie mich - die Verkündigung und den tatkräftigen Einsatz für dieses Herzensanliegen Gottes anzuvertrauen. Wir belasten seine Schöpfung durch unsere menschliche und »kirchliche« Enge, durch unser Besetztsein von Plänen und »Prinzipien«, durch Blindheit für das Wesentliche und Eigentliche unserer Sendung, durch unsere monologische Existenz, durch mangelnde Sensibilität für Begegnung und Freundschaft mit ihm und seinen, auf keine Religion und Region dieser Erde eingegrenzten Menschenbrüdern... - und er entsetzt sich nicht!

8. Bei aller Berechtigung, das eingangs zitierte Jesuswort auf alles »Kreuz und Leid« zu beziehen, das dem Christen in dieser Welt begegnet, darf doch der ursprüngliche »Sitz im Leben«, die ursprüngliche Aussageabsicht dieses Wortes im Munde Jesu nicht vergessen und nicht verschwiegen werden: Wer von Gott und seinem »Reich« *denkt, spricht und handelt wie Jesus*, wer ihm auf Gedeih und Verderb als *Jünger* (dieses blaß gewordene deutsche Wort bedeutet in der Sprache Jesu und der Evangelien »*Schüler*«, »*Lernender*«!) folgen will, der muß mit eventueller Ablehnung, Ächtung und Ausgrenzung rechnen - auch heute nicht zuerst von seiten »heidnischer Glaubensfeinde«, sondern von seiten derjenigen in »Nazareth« und in »Jerusalem«, die er seine Schwestern und Brüder nennen möchte, die Gott und Glaube schon »wissen« und »begriffen« haben. - Still, doch mit klaren Zügen schreibt die Kirche bis in die Gegenwart hinein die Geschichte auch solcher Kreuzesmystik(er)...

Ein Bußsakrament sein*

Am Tag vor dem Heiligen Abend klingelte ein Fremder an unserer Klosterpforte. »Pater, können Sie aus meinem Herzen eine Krippe machen?« Er wollte beichten. Es war viel, sehr viel, was er dann zu bekennen hatte und worüber er sprach, viel Sünde..., und viele Wunden... Danach: Stille, für mich peinliche Stille, denn ich wußte nicht zu antworten... Dann fielen mir seine Worte an der Tür wieder ein. »Sie wollten doch, daß Ihr Herz eine Krippe wird... Es ist schon eine Krippe, es ist genau so ein Viehstall wie der von Bethlehem. Und sehen Sie, Christus war sich nicht zu fein...« - Ich mußte nicht weiterreden, er unterbrach mich und sagte: »Ich habe verstanden, Pater, jetzt habe ich endlich verstanden.« Es war wieder lange still. Dann gab ich ihm die Lossprechung. Wir umarmten einander, und er ging mit einem Leuchten auf dem Gesicht davon. Er war ein Priester.

Eines der Themen, die mir für dieses Geistliche Wort vorgeschlagen wurden, lautete: »Bußsakrament und Kreuz«. Nicht »Bußsakrament und Krippe« - und doch fiel mir diese Begegnung wieder ein. Wie hier ein Mitbruder durch das Weihnachtsgeheimnis für sich die Tiefendimension des Bußsakramentes neu entdecken konnte, so kann gerade auch das Paschamysterium neu erschließen, was uns im Bußsakrament geschenkt wird.

---
* Vortrag vor den Priestern eines Bistums, Karwoche 1989.

Bußsakrament und Paschamysterium

Jetzt in diesen Tagen, unmittelbar vor Karfreitag und Ostersonntag, wird uns zu einem solchen Thema vielleicht spontan der Gedanke kommen: Ja, es »ist schon ein Kreuz«, das Bußsakrament:

- das Sich-Durchringen zu einem ehrlichen, »vollständigen« Bekenntnis, ohne Beschönigung...;
- die Sorge: wird mich der Mitbruder verstehen, wenn ich mich ihm offenbare; werde ich nicht nur bei Gott, sondern auch in seinen Augen Barmherzigkeit finden?...
- und meine Rolle als Beichtvater ohnehin! Nach jedem Bekenntnis etwas sagen müssen - unvorbereitet..., - und die Bekenntnisse sind von Jahr zu Jahr, wenn auch seltener, so doch konkreter, gründlicher, umfassender geworden..., wir sind mehr gefordert;
- und dazu die alte Frage unserer neuen Zeit, die wir uns vielleicht gerade auch in diesen Tagen stellen: Wo sind sie denn alle, die »Aktiven« meiner Gemeinde? Gehen sie alle auswärts zur Beicht? Gemessen an denen, die von auswärts zu mir kommen, können es wohl auch dort nicht viele sein...

Es ist schon »ein Kreuz« mit dem Beichten in der Kirche Gottes, für die Gläubigen sowieso, aber auch für uns Priester. Doch bei dieser Feststellung werden wir nicht stehenbleiben. Wir wollen fragen: Wie kann sich solches »Kreuz« des Beichtens und des Beichtehörens vom Mysterium des Kreuzes her für uns neu erhellen? Wie kann der Umgang mit dem Bußsakrament, das bei uns Priestern in doppelter Hinsicht - im Empfangen und im Spenden - zum Lebensinhalt gehört, von den vor uns liegenden Tagen her *geistlich* neu durchdrungen werden?

Lassen wir uns zunächst von der Theologie sagen, wie Paschamysterium und Bußsakrament zueinander in Beziehung stehen. Die Auskunft, die sie uns geben kann, läßt sich mit knappen Worten so zusammenfassen:

Das Bußsakrament ist *ein äußeres Zeichen jener inneren Gnade Gottes, die sich unüberbietbar am Kreuz von Golgatha offenbarte.* D.h.: Was wir im Beichtstuhl mit Wort, Geste und unserer eigenen Person zeichenhaft vermitteln, ist jene Wirklichkeit, die sich am Kreuz ereignete. Fachtheologisch gesagt: Die »res sacramenti«, das Eigentliche, das durch das »sacramentum« Bezeichnete und Vermittelte, zeigt sich und ereignet sich im Geheimnis des Karfreitags: daß Gott ein ganzes Ja zum Menschen sagt und sich ihm liebend zuwendet, und zwar *bevor* er vollkommen und *obgleich* er Sünder ist; die leidenschaftliche Liebe Gottes zum Menschen kommt - so zeigt es sich am Kreuz - selbst dort nicht an ihre Grenze, wo Gott durch den Menschen hingerichtet wird. Die Evangelien und Episteln der vorösterlichen Bußzeit und der kommenden Tage sprechen davon, wir müssen die biblischen »Belegstellen« hier nicht eigens anführen.

Therese von Lisieux konnte daher wenige Wochen vor ihrem Sterben sagen: »Man könnte glauben, mein so großes Vertrauen in die Liebe Gottes rührt daher, daß ich nicht gesündigt habe... Mein Vertrauen wäre genauso groß, wenn ich alle nur möglichen Verbrechen begangen hätte. Ich fühle es, die Masse der Sünden wäre wie ein Wassertropfen, den man auf glühende Kohlen fallen läßt.«[1] In ihrer geistlichen Biographie schreibt sie: »Selbst wenn ich alle Sünden, die begangen werden können, auf meinem Gewissen hätte, ich ginge hin, das Herz von Reue gebrochen, um mich in die Arme Jesu zu werfen; denn ich weiß, wie sehr er den verlorenen Sohn liebt, der zurückkommt.«[2] - Das ist die Überzeugung einer jungen

---

[1] Ich gehe ins Leben ein. Letzte Gespräche der Heiligen von Lisieux, Leutesdorf 1979, 93f. (Aufzeichnung vom 11. 7. 1897).
[2] Selbstbiographische Schriften, Einsiedeln 1958, 275.

Frau, die zwar mit so manchen Frömmigkeitsformen der Kirche und des Karmel ihre Schwierigkeiten hatte, aber vom Zusammenleben mit dem Gekreuzigten etwas verstand... Ähnlich, im Sprachstil der persönlich-existentiellen Erfahrung, finden wir diese Überzeugung überall dort ausgesprochen, wo in Geschichte und Gegenwart die betende Kirche sich äußert.

Ur- und Grund-Bußsakrament

Bevor wir daraus Schlußfolgerungen ziehen, fragen wir die Theologie noch, wie denn diese »res sacramenti« in das »sacramentum« kommt - wie also diese grenzenlose und bedingungslose Liebe Gottes zum Sünder von heute »rüberkommt« (um ein Umgangswort unserer Tage zu gebrauchen).

Seit Otto Semmelroth spricht die katholische Sakramententheologie vom »Ursakrament«, das ist Jesus Christus, und vom »Grund-« oder »Wurzelsakrament«, das ist die Kirche.[3] Dahinter steht, neu ausgedrückt, die alte Lehre, daß die sieben Einzelsakramente nicht von Jesus Christus und von der Wesensgestalt der Kirche losgelöst betrachtet werden dürfen.

Jesus Christus ist das Ursakrament des Vaters; sein Leben unter uns, von der Krippe bis zum Kreuz, seine Verkündigung und das Zeugnis seiner Person als ganzes, gipfelnd im Geschehen der Passion, sind das »Ur-Bußsakrament«, das »äußere Zeichen« schlechthin für die »innere Gnade«, für die Einstellung Gottes zu seinen Menschen. Und was sich im Paschamysterium unüberbietbar als die »res sacramenti« des Bußsakramentes

---

[3] Vgl. *Otto Semmelroth*, Die Kirche als Wurzelsakrament, in: Mysterium Salutis, Bd. IV/1, Einsiedeln 1972, 318-348.

offenbart, ist bei Gott eine *bleibende Haltung*, nicht begrenzt auf den Augenblick des Bekenntnisses und der Absolution.

Eine zu simple Theologie sagt nun, Christus hat, um diese bleibende Wirklichkeit in alle Zeiten hinein zu vermitteln, die sieben Sakramente eingesetzt. Daß wir dann mit der Frage, wo uns denn in der Heiligen Schrift dafür der Beleg erbracht wird, in mehr oder weniger große Schwierigkeiten geraten, ist bekannt.[4] Die Kirche erkennt heute, daß sie selber sacramentum ist, Grund- und Wurzelsakrament, aus dem heraus sich erst die Einzelsakramente entfalten. – Wir selber, die aus einzelnen Menschen sich zusammensetzende Gemeinschaft derer, die sich mit ihrer Existenz an Christus gebunden haben – auf seinen Ruf hin –, sind also das Grund-Bußsakrament, dazu berufen und gesandt, einander glaubhaft und erfahrbar etwas von der Weite der Barmherzigkeit Gottes zu vermitteln. Zum *amtlichen* Vollzug dieser Vermittlung – der natürlich, wie Paul VI. uns in Erinnerung brachte[5], nicht ihre einzige Weise ist! – dient der Kirche das Bußsakrament, ein Ritus, der sich obendrein im Laufe der Jahrhunderte in der konkreten Form, Gestalt und Anwendung stark wandelte.[6]

Konsequenzen im Umgang mit dem Bußsakrament

Um unserem Umgang mit dem Bußsakrament wieder neu – von der Wurzel her – geistliche Nahrung zufließen zu lassen, müssen wir uns auf das *Ursakrament, das da am Kreuze hängt*, und auf das *Grundsakrament, auf uns selbst*,

---

[4] Vgl. *Theodor Schneider*, Zeichen der Nähe Gottes. Grundriß der Sakramententheologie, Mainz 1979 (Leipzig 1982), bes. 41-64.
[5] Vgl. Ordo Poenitentiae II,4 (Die Feier der Buße, Leipzig 1975, 11).
[6] Vgl. *Theodor Schneider*, aaO. 193-200.

die wir von diesem Kreuz her losgeschickt sind zueinander hin, besinnen. - Für mich ergeben sich daraus u.a. folgende Konsequenzen:

1. Ich muß den Menschen nicht besorgt oder gar heilsfanatisch mit dem Bußsakrament »hinterherlaufen«. Denn die Wirklichkeit, die es vermittelt, *ist da*, unabhängig davon, ob und wie oft einer zur Beichte kommt. Gott bleibt sich seinerseits als der barmherzige Vater treu, als der Gekreuzigte, der noch für seine Henker betet, und als der Geist, der in uns seufzt, bis die ganze Schöpfung heimgeholt ist. - Vielmehr darf ich das Bußsakrament *verschenken* (in der Absolutionsformel sprechen wir das aus: »...durch den Dienst der Kirche schenke er dir...«) *als ein Liebeszeichen Gottes, als seine Umarmung für den »verlorenen« Sohn*. Seitdem mir das bewußt ist, sage ich manchmal nach einem Gespräch: »Wir konnten jetzt so offen zueinander sein. Auch wenn ich nun all das von Ihnen weiß, - ich kann Sie dennoch verstehen, und eigentlich sind Sie mir jetzt erst so richtig nah geworden. Sehen Sie, wenn *ich* das schon so empfinden kann - dann Gott doch erst recht!... Wenn Sie möchten, schenke ich Ihnen jetzt die Lossprechung...« Manche sagen dann erstaunt: »Geht denn das so? Muß ich denn da nicht erst nochmal alles in geordneter Reihenfolge sagen?...« Und hinterher: »Ja, wenn beichten immer so wäre, wie täte mir das gut!« - Aber auch diese Reaktion lasse ich gelten: »Pater, das können Sie ruhig machen, aber nach diesem guten Gespräch ist das doch eigentlich gar nicht mehr nötig ...«

2. Wenn heute *sehr* viele Katholiken mit dem Bußsakrament nicht zurechtkommen, muß die Ursache nicht immer im »mangelnden Sündenbewußtsein« oder in sonstigen religiösen Mängeln der Gläubigen von heute liegen. Es kann auch ein Zeichen dafür sein, daß mit dem »Grundsakrament«, mit der Kirche, mit uns Beichtvätern

etwas nicht stimmt. So wahr es ist, daß die Sakramente »ex opere operato«, also unabhängig von der geistlichen und moralischen Integrität des Spenders wirken, so gilt doch auch, daß sie ihre Leuchtkraft verlieren, wenn das Bindeglied zwischen dem Ursakrament und dem Einzelsakrament eine inadäquate Rolle spielt. - Können wir auf dem Hintergrund, wie »die Kirche« heute von vielen erfahren wird, erwarten, daß man bei uns das Liebeszeichen göttlicher Weite und Barmherzigkeit sucht? Das, was das Bußsakrament vermitteln will, suchen die Menschen durchaus: Verstandenwerden, Angenommenwerden auch mit der Unvollkommenheit, Vergebung, Neuanfangendürfen... Es ist doch wohl kaum das Evangelium, das heute Menschen nicht nur von den Beichtvätern fernhält, sondern immer häufiger überhaupt an einen Rückzug von der Kirche denken läßt, der nicht in jedem Falle zugleich Rückzug von Gott sein will...

3. Mangelndes Sündenbewußtsein beheben wir nicht dadurch, daß wir Normen strenger einschärfen. Schuldbewußtsein erwacht nur in der *Beziehung*, angesichts der Erfahrung eines Menschen - und eines Gottes -, der sich mir in Liebe zuwendet; echtes Schuldbewußtsein ist Erfahrung geschuldeter Liebesantwort, mangelnde und mangelhafte Fähigkeit, auf erfahrene Liebe zu antworten. Ist es erwacht, *orientiert* es sich an den ethischen Normen, aber es wird nicht durch sie hervorgebracht! - Es muß also unsere Aufgabe sein, die Menschen durch einen mehr oder weniger reinen »Überzeugungsglauben« hindurch zu einem *Beziehungsglauben* zu führen, in die Begegnung mit dem, der sich hinter den religiösweltanschaulichen Vokabeln »Gott« und »Erlöser« verbirgt... Von solcher Begegnung her, so armselig auch immer sie sich ereignen mag, bildet sich dann auch ein Verständnis für das Sakrament der Begegnung mit dem umarmenden, barmherzigen Vater.

4. Wir dürfen uns darauf besinnen, daß wir Priester Christi sind, und erst auf dieser Basis auch Priester der Kirche, - »Diener Christi« in der Gemeinschaft derer, die mit Petrus Kirche sind. »In persona *Christi*« zu handeln, gerade auch in der Spendung der Sakramente, ist unsere Aufgabe, so hat es uns das Konzil gesagt (vgl. LG 19-21). Es gilt also hinzuhören, was *er* tut, wie er urteilt, wie er mit den Sündern umgeht, wie er annimmt und den Weg nach vorn öffnet... Er überführt, ohne Beschönigung, aber er versteht zugleich, und er heilt zugleich. Sein Fordern ist Fördern. Er läßt Unterwegs-Sein zu und Unvollkommen-Sein... - Nicht die Stola macht uns zum Beicht*vater*, sondern die ehrlich gesuchte Lebensgemeinschaft mit Jesus Christus. Arm, in der »Straßenjacke« Jesu, den Nacken gestärkt nicht mit dem Kollar, sondern mit der selber gemachten Erfahrung, von ihm ohne jedes Verdienst angenommen zu sein - so nur kann uns Gott *als Sakrament mit den Sakramenten aussenden...*

5. Der Aspekt der geistlichen Begleitung (Seelenführung), der mit dem Bußsakrament verbunden sein kann, aber nicht verbunden sein muß, war in der Kirche niemals an das priesterliche Amt gebunden. Es gab und gibt mehr Geistliche in der Kirche als es »Geistliche« gibt. Johannes Paul II. zum Beispiel verdankt wesentliche Impulse für seinen Glaubensweg der geistlichen Führung durch einen Krakauer Schuster während der Studentenzeit. - Meiner Erfahrung nach tut es uns Priestern gut, uns persönlich auch von Menschen führen und begleiten zu lassen, die als Laien unter uns leben, aber die Weite und die barmherzige Pädagogik Gottes mit mehr Fähigkeit und geistlich-existentieller Vollmacht im paulinischen Sinne (vgl. 1 Kor 4,14) vermitteln können als eine große Zahl von uns. - Ein Hinweis, den wir - selbst im Beichtstuhl - in aller Demut denen weitergeben sollten, die bei Priestern vergeblich nach einem für sie geeigneten geistlichen Begleiter suchen.

In diesen Tagen der vorösterlichen Bußzeit verfolgte mich der Gedanke: Wie gern möchte ich einmal jemandem begegnen wollen, dem ich sagen kann: »Bitte, machen Sie aus meinem Herzen - ein Kreuz.« Dann möchte ich erzählen können von meinen Sünden..., und von meinen Wunden... Und der Betreffende müßte zuhören können, nicht nur mit den Ohren... Ich wünschte mir, daß er meine Sünden nicht verharmlost oder wegpsychologisiert, daß er mir sagt: »Dein Herz ist doch schon ein Kreuz..., deine Seele ist genauso hart wie das rohe Holz von Golgatha, und Christus ist da drangeschlagen von den Nägeln deiner schnellen Urteile, verraten von deiner Feigheit, dem eigenen Gewissen zu trauen, gegeißelt von deinen vermeintlichen ›guten Ratschlägen‹...« Und ich wünschte mir, daß er dann nicht mit Imperativen kommt, sondern *mir sagt, was ich zwar glaube, aber mir selber nicht sagen kann*: »Siehst du, Gott bleibt da drangeschlagen, als der Gekreuzigte bleibt er in dir, er hält es dennoch aus - in dir...; und sieh, er will gar nichts von dir, nichts weiter, als daß du ihm glaubst, ihm seine Liebe zu dir glaubst, - und daß du ihm seine Schafe weidest, - daß du mit dem Geist seines von dir gekreuzigten Herzens auf die schaust, die er zu dir schickt in den Beichtraum und ins Sprechzimmer...«

Mir geht es zur Zeit sehr gut, denn ich bin tatsächlich einem solchen Menschen begegnet. Es war kein Priester.

Ein Wegbegleiter in die Zukunft

Der Kirchenlehrer Johannes vom Kreuz (1542-1591)[1]

Den Anlaß für die Thematik der diesjährigen Salzburger Hochschulwochen hat nicht zuletzt der 400. Todestag des hl. Johannes vom Kreuz - am 14. Dezember 1991 - gegeben. Es ist daher recht und billig, wenn er, der geistliche »Jahresregent« (P. Paulus Gordan OSB[2]), am festlichen Höhepunkt dieser Tage zu Wort kommt. Es geht uns um Mystik - ihm auch, wenngleich er sich wundern würde, für welch verschiedenartigen Inhalt dieser Begriff - er selbst kennt ihn nur in der adjektivischen Form »mystisch« - inzwischen herhalten muß; und es geht uns um die Zukunft, brennender wohl noch als um die Mystik - ihm auch: seine geradezu leidenschaftliche Ausrichtung auf das Zukünftige gibt heute Theologen und Anthropologen erst den Schlüssel zum Verständnis seines Werkes.[3] Auch von der Thematik dieser Hochschulwochen her - »Der Christ der Zukunft - ein Mystiker« - besteht also Grund genug, den »doctor mysticus« in unser Reflektieren einzubeziehen.

Wer bei ihm Orientierung sucht, findet nicht explizit Antworten auf alle Einzelfragen der Mystik, erst recht würden wir nach Methoden des mystischen Weges in seinen Werken vergeblich suchen; es begegnet uns bei ihm vielmehr zuallererst eine bestimmte *Sicht* vom *Weg*

---

[1] Festvortrag bei den Salzburger Hochschulwochen im Juli 1991.
[2] Obmann der Salzburger Hochschulwochen, in der Eröffnungsansprache.
[3] Die wichtigsten deutschsprachigen Aufsätze und ausführliche Hinweise auf die internationale Literatur zu Johannes vom Kreuz bis 1991 sind zusammengestellt in: *Ulrich Dobhan / Reinhard Körner*, Johannes vom Kreuz - Lehrer des »neuen Denkens«. Sanjuanistik im deutschen Sprachraum, Würzburg 1991.

des Menschen zu Gott, eine Art »neues Denken« (Röm 12,2) über den Sinn von Frömmigkeit, über den Sinn geistlicher Lebensvollzüge - ein »neues Denken« über Gott, über den Menschen und seine Welt, über Gottes Zukunft für die Welt. Johannes vom Kreuz hat den Mut, Gott, Mensch und Welt von der christlichen Offenbarung her zu denken - und zwar in einer Radikalität, die den Atem stocken läßt, verbunden mit einer ganz-menschlichen Sensibilität, die erstaunt, und - fern jeder »Hof-Theologie« - in einer Wahrhaftigkeit, die herausfordert, damals wie heute: den einen macht sie Angst, die andern führt sie »hinaus in's Weite« (Ps 18, 20 u. 29)...

In den Grenzen meiner Redezeit möchte ich versuchen, etwas von diesem »neuen Denken« aufzuzeigen, das dem begegnet, der sich in die Schule des hl. Johannes vom Kreuz begibt. In einem ersten Teil werde ich das Grundkonzept seiner Lehre darstellen und dann im zweiten Teil einige Schlußfolgerungen ziehen, auf einige Konsequenzen aufmerksam machen, die sich ergäben, würde Johannes vom Kreuz unser »Wegbegleiter in die Zukunft« werden.

1. Das Grundkonzept der sanjuanischen Lehre

Hinter allem, was Johannes vom Kreuz lehrte, schrieb und lebte, steht - so weiß die Sanjuanistik heute - so etwas wie ein Gesamtentwurf des geistlichen Lebens, ja eine Gesamtschau des menschlichen Lebensweges überhaupt von seinem Ausgangspunkt bis zur Vollendung.[4]

---

[4] Ausführlicher dargestellt in: *Reinhard Körner OCD*, Mein sind die Himmel und mein ist die Erde. Geistliches Leben nach Johannes vom Kreuz, Würzburg 1989; *ders.*, Johannes vom Kreuz. Gestalt - Begegnung - Gebet, Freiburg-Basel-Wien 1993, 16-37; in wissenschaftlicher Form: *ders.*, Mystik - Quell der Vernunft. Die ratio auf

Der Heilige denkt den Menschen von seinem Ziel her, das die neutestamentliche Offenbarung vorgibt. Damit blickt er über die Zukunft, die Tag um Tag aus der Gegenwart hervorgeht, hinaus auf die letzte Bestimmung des Menschen. Im 1. Johannesbrief liest er: »Wir wissen, daß wir ihm (sc. Gott) ähnlich sein werden« (3,21), und im 2. Petrusbrief: »... der göttlichen Natur sollen wir... teilhaft werden« (1,5). Sein Kommentar zu diesen Schriftstellen: »Alles, was die Seele ist (Anm.: für »die Seele« setze man bei Johannes vom Kreuz immer »der Mensch«!), wird in Gott überformt werden, derart, daß sie sich nennen kann, ja daß sie in Wahrheit sein wird: Gott durch Teilhabe«[5]. An der Seite Gottes Gott sein - nicht in monistischer Identität, sondern in freier dialogischer Partnerschaft - das ist die letztendliche Bestimmung menschlichen Daseins, die Zukunft, zu der hin wir unterwegs sind. Johannes vom Kreuz scheut sich nicht zu sagen: »Was Gott erstrebt, ist, uns zu Göttern durch Teilhaben zu machen, wie er Gott von Natur ist.«[6] Er wiederholt damit freilich nur, was von Athanasius an bereits die Vätertheologen lehrten: »Gott aus Natur« macht den Menschen zum »Gott aus Gnade«.

Die Vokabel »Gott« hat dabei einen spezifischen, wiederum der christlichen Glaubenslehre konsequent entsprechenden Inhalt: »Gott« ist Begriff für eine *Gemeinschaft*, für die communio Vater, Sohn und Hl. Geist. Gott - das sind drei; in perichoretischem, einander durchdringendem Zugewandtsein leben sie das göttliche Einssein. In seinen Romanzen - in der »Urfassung« an Weihnachten 1577 im Klosterkerker von Toledo entstanden - meditiert Johannes vom Kreuz in poetischer Schön-

---

dem Weg der Vereinigung mit Gott (Erfurter Theologischen Studien, Bd. 60), Leipzig 1990, 46-66.
[5] Die Dunkle Nacht II 20, 5.
[6] Geistliche Weisungen (Avisos) 2, 27.

heit und Dichte, wie jede der drei Personen auf die je andere hinbezogen ist, wie zwei wiederum eins sind in der Liebe zum Dritten, und drei eins in der Liebeshingabe an die Geschöpfe. Es wäre lohnenswert, bereits an dieser Stelle innezuhalten, um sich der geistlich-existentiellen Tragweite dieser Sicht des zentralsten christlichen Offenbarungsgeheimnisses bewußt zu werden: Nicht nur ein »Du« ist das Gegenüber des betenden Menschen, sondern ein »Gruppe«, eine »communio«, ein »Ihr, meine Drei!«, wie Elisabeth von Dijon, eine der großen geistlichen Töchter unseres Heiligen, später beten wird.

Diesem Gott nun soll der Mensch ähnlich werden, zum Verwechseln ähnlich! Im Status seiner Vollendung wird er wie eine jede der drei göttlichen Personen sein, ihrem »Charakter« gleich: so zuwendungs- und liebesfähig, so wahr, so erfinderisch, so kreativ... Johannes vom Kreuz sagt: »Die Seele wird an Gott selber teilnehmen, zugesellt der Heiligsten Dreifaltigkeit, mitwirkend deren Werke.«[7] Mit den göttlichen Drei in persönlich-personaler Beziehung leben, zugleich aber auch mit allen, die mit mir Mensch sind - das ist die Zukunft, die der christlichen Offenbarung nach vor mir liegt. Unsere Zukunft besteht in der Vollendung unserer Beziehung zu Gott und in der Vollendung unserer Beziehungen zueinander.

Von dieser Zukunft her deutet Johannes vom Kreuz das Leben. Er weiß: Alles Suchen und Sehnen, Ringen und Streben des Menschenherzens ist Ausdruck eines Entwicklungsgeschehens auf dieses Ziel hin. Die Erschaffung des Menschen ist noch nicht beendet. Dem Heiligen wird das erst recht klar, wenn er auf den »Ist-Stand«, auf die Verfaßtheit des Menschen heute schaut, auf seine Unausgefülltheit, auf das durch nichts zu stil-

---

[7] Geistlicher Gesang, 39, 6.

lende Glückstreben, auf sein Ausgestrecktsein zum Absoluten hin, aber auch auf sein Schuldigwerden - und auf sein Leiden in den zwischenmenschlichen Beziehungen! Der Kontrast zwischen dem, was ist, und dem, was nach biblischer Verheißung werden soll, läßt Johannes vom Kreuz das Leben als einen Prozeß der »Umformung in Gott hinein«, als »transformación en Dios«[8] erkennen: Der Mensch erlebt mit, wie Gott ihn »nach seinem Bilde« formt - und er ist aufgerufen, dabei mit ihm mitzuwirken.

Johannes vom Kreuz wußte, wohin er geht, wohin er begleitet und führt. Daß er gelungenes, ausstrahlendes Menschsein vorleben konnte, liegt darin begründet, ebenso der »Erfolg« seiner Seelsorge und Menschenführung.

Weil er um das Ziel wußte, kannte er auch den Weg: Es kommt darauf an, sich in das »Reich Gottes«, in das *Reich der Beziehung* einzuleben, beziehungsfähig zu werden nach dem Maße Gottes, beziehungsfähig zu Vater, Sohn und Geist, zu jedem Mitmenschen, zu aller Schöpfung. Darin besteht für Johannes vom Kreuz der Sinn aller Frömmigkeit, der Zweck aller »geistlichen Übungen«. Er möchte *Mystik* und *Freundschaft* leben. »Mystik« bezeichnet bei ihm schlicht und einfach die existentiell-personale Beziehung zum verborgenen und doch gegenwärtigen drei-einigen Gott; Mystik ist, was Hans Urs von Balthasar den »Ernstfall« und Walter Kasper den »Testfall« des Glaubens nennen: aus dem »Ich glaube an Gott« wird ein »Ich glaube an dich, Gott« und ein »Ich glaube dir, Gott«; und »Freundschaft« soll hier für die ebenso persönlich-personale Hinwendung zum anderen Menschen, getragen von der Beziehung zu Gott, stehen. Mystik und Freundschaft gehören dabei untrennbar zusammen: die Mystik als personale Verwirklichung der Gottesliebe, die Freundschaftlichkeit als personale Verwirklichung der

---

[8] Aufstieg zum Berg Karmel I 4, 6 u. ö.

Nächstenliebe. - Freilich, über das Reifen in den zwischenmenschlichen Beziehungen sprechen die Schriften des Heiligen kaum; das aber hat lediglich äußere Gründe. Wie seine Werke zur Schule der Mystik geworden sind, so ist sein Leben - herausgefördert aus den Klischees herkömmlicher Hagiographie - eine Schule herzlicher Freundschaftlichkeit, liebender Zuwendung zu den Mitmenschen und zur Schöpfung.

Der Weg zum Ziel, zur Vollendung des Menschen im vollendeten Reich Gottes, besteht in der Liebe. Dieser Grundgedanke christlicher Mystik findet bei Johannes vom Kreuz eine konkrete Ausdeutung. Liebe heißt: in Beziehung treten, auf Zuwendung antworten, sich einlassen auf das jeweilige Gegenüber, auf jedes »Er-Sie-Es« als einem »Du«. - Lieben heißt aber auch *Loslassen* und *Hergeben* - Stichworte, die dem Leser vor allem im ersten der vier Hauptwerke massiv begegnen. Gemeint sind weder Weltverachtung noch Verneinung oder »Abtötung« natürlicher Triebkräfte. Nicht Gott und Welt, sondern In-Beziehung-Sein und Auf-Sich-Selbst-Bezogensein sind Gegensätze. Johannes vom Kreuz weiß um das quälende Leid, das dort entsteht, wo der Mensch sein Gegenüber egozentrisch an sich bindet: die Dinge, die Menschen - und nicht zuletzt auch Gott! Um sich *einzu*lassen, gilt es daher zugleich *los*zulassen: nicht nur Dinge und Menschen - auch Gott! Der »für mich« gesuchte, für meine Pläne und Überzeugungen in Dienst genommene oder in Bild und Begriff festgelegte »Gott« steht der Wirklichkeit des Reiches Gottes gleichermaßen entgegen, wie das »Hangen an den Geschöpfen«. Geistliche Übungen und religiöse Vollzüge - worum auch immer es sich handelt -, sind dem Weg in die Vollendung nicht schon in sich förderlich; sie können geeignet sein, sich Gottes zu bemächtigen und am Reich Gottes in aller »Frömmigkeit« schnurgerade vorbeizuleben. - Mystik und Freundschaft gehen daher mit der *Aszese* ineins.

Aszese ist bei Johannes vom Kreuz nicht eine der Mystik vorgelagerte Stufe auf dem Weg zu Gott, schon gar nicht ein eigener Weg zum Heil neben dem (»vollkommeneren«) Weg der Mystik. Beides gehört vielmehr zusammen wie die zwei Seiten einer Münze. Aszese formt den Menschen nicht um - jedenfalls nicht auf Gott hin! -, aber sie ist unumgänglicher Begleiter auf dem Weg zum Heil, in die vollendete Mystik und die vollendete Freundschaft.

Hinter dem aszetisch-mystischen Lebensprogramm steht bei Johannes vom Kreuz kein imperativisches »du sollst«; es ist getragen von der Botschaft des Evangeliums, die der Heilige an einer Stelle so auf den Punkt bringt: »Vor allem muß man wissen: wenn die Seele Gott sucht - viel dringlicher sucht Gott die Seele.«[9] Von Gott her besteht die Beziehung längst, und das Reich Gottes, das Reich aller Beziehung in Gott, ist schon angebrochen. Der heilige Seelsorger ist davon überzeugt, daß Gott selber den Umformungsprozeß geschehen läßt. Der Schöpfer bleibt mir treu als mein Vollender - doch er lädt mich ein, an diesem Vollendungsprozeß mitzuwirken. Die Mittel, das »Werkzeug«[10], das ich dazu benötige, »legt er ihr (sc. der Seele) in die Hände, sagend, wie es zu gebrauchen sei und mit ihr zusammen es gebrauchend«[11]. Das ist für Johannes vom Kreuz nicht frommer Gemeinplatz, sondern konkrete Erfahrung, im eigenen Leben und im Leben derer, die er begleitete und denen er Freund war.

Einer seiner wesentlichsten, bisher kaum beachteten Beiträge zur Theologie der Mystik besteht darin, daß er eben diese Erfahrung mit den Begriffen *Glaube, Hoffnung*

---

[9] Lebendige Flamme der Liebe 3, 28.
[10] Geistlicher Gesang 38, 4.
[11] Ebd.

und *Liebe* beschreibt und ihr die Lehre von den »drei göttlichen/eingegossenen Tugenden« zuordnet. Glaube, Hoffnung und Liebe bezeichnen diese von Gott gegebenen Mittel, sie bezeichnen psychologisch-konkret erfahrbare Wirkkräfte (»virtutes«!), Energien, die Gott dem Menschen »eingießt«, damit er, sie gebrauchend, in das Reich der Beziehung hineinwachsen und in ihm leben kann:

Glauben ist die Kraft und Fähigkeit, die Gott in das Erkenntnisvermögen des Menschen hineingibt. Der Mensch erfährt sie psychologisch-konkret als innere Unzufriedenheit mit vorläufig Erkanntem, als Zweifel am Vordergründigen, als Fragen und Suchen, als Staunen vor Größe und Geheimnis, als Erahnen des Umfassenden und Erschauen des »el Todo«, des »Ganzen«, als Erfassen oder wenigstens Berührtwerden von Wirklichkeit hinter Worten und Begriffen, hinter Glaubenssätzen... - ein Geschehen in der Seele, das jeder kennt...

Die *Liebe*, die Gott »eingießt«, erfährt der Mensch in dem Bereich der Persönlichkeit, den die Scholastik »Wille« nennt: die Entschlußkraft, aber auch der Bereich der Emotionen und Empfindungen, des Erspürens. Dort stellt sich - ohne daß es der Mensch »machen« und von sich aus hervorrufen könnte - ein Angerührtsein von Tiefem, Wesentlichem, Kostbarem ein, das Berührtwerden von der Schönheit eines Gegenüber, die Gewißheit, geliebt zu sein und die Kraft zu lieben, das In-die-Stille-Gezogenwerden, die Ahnung, daß Gott da ist, die Gewißheit, in ihm zu sein..., aber auch leidenschaftlicher Zorn, wenn Kostbares, Wesentliches und Tiefes verletzt oder entwürdigt werden...

Der dritten Seelenkraft, die Johannes vom Kreuz mit der Scholastik »Gedächtnis« nennt, ordnet er die *Hoffnung* zu; mit dem Vermögen, mit dem man sich der Vergangenheit erinnern, aber auch in die Zukunft ausstrecken kann, erfährt der Mensch die Unerfülltheit allen

Strebens, die Sehnsucht nach letzter Wahrheit, nach Tiefe, nach vollendetem Einssein mit dem »Du«, nach Ewigkeit... - wie gesagt: ein Geschehen in der Seele, das jeder Mensch kennt.

Wenn Johannes vom Kreuz von »contemplación« spricht, meint er dieses Geschehen! Kontemplation ist das »Einströmen« dieser göttlichen Wirkkräfte in den inneren Menschen hinein, Gott gießt sie in die »Seelenvermögen«, d.h. in die *Tätigkeits*vermögen des menschlichen Geistes, so daß der Mensch sie gebrauchen kann, also in der Kraft der Kontemplation ein *activus* wird: mit Gott fragt, sucht und zweifelt, mit Gott staunt und glaubt..., sich mit Gott an Schönheit erfreut, mit Gott zornig wird und mit Gott liebt..., sich mit Gott sehnt, mit Gott bangt und hofft, sich mit Gott Gott zuwendet und mit Gott der Welt und sich so hineinlebt in das Reich Gottes, mit dem Senfkorn wachsend in die Vollendung hinein.

Johannes vom Kreuz erklärt dieses Einwirken Gottes durch die wesensmäßige Verbundenheit zwischen Schöpfer und Geschöpf. Da Gott nicht nur der Ursprung am Anfang, sondern der Urgrund des Lebens in jedem Augenblick ist, besteht eine »unión natural«, die »immer gegeben« ist und derzufolge »Gott in jeder Seele, auch in der des größten Sünders der Welt, substantiell wohnt und wirkt«[12]. »Mystik« - Johannes vom Kreuz, der dieses substantivische Wort noch nicht kennt, spricht vom Leben in der »Vereinigung mit Gott« - ist dann nicht ein außerordentliches, die Natur übersteigendes In-Kontakt-Treten mit dem transzendenten Gott, sondern das Sich-Bewußt-werden des Menschen, daß Gott ihn ständig, gewissermaßen von Pulsschlag zu Pulsschlag, mit Lebenskraft erfüllt, am Leben erhält und vollendet. Mystik

---

[12] Aufstieg zum Berg Karmel II 5, 3.

ist nach Johannes vom Kreuz das Sich-Bewußtwerden des kontemplativen Einwirkens Gottes, ein »Erwachen Gottes in der Seele...«, sagt der Heilige und verbessert sich sogleich: »...nein, ein Wachwerden der *Seele*«, des *Menschen* also, für die tiefste Wahrheit über sein Wesen.[13] Der Mensch verschafft, so kommentiert Hans Urs von Balthasar den doctor mysticus, »Gott jenes noetische und existentielle Übergewicht, das er ontisch schon immer hat«[14].

Die psychologisch-geistliche Erfahrung der drei Wirkkräfte stellt daher bei Johannes vom Kreuz zugleich die »mystische Erfahrung« dar. Er ist der große Realist: Er läßt sich und seinen Söhnen und Töchtern keinen Zweifel daran, daß es eine »*Gottes*erfahrung« im strengen Sinn des Wortes in diesem Leben nicht gibt, sie bleibt der Ewigkeit vorbehalten. Der Mystiker lebt in der Beziehung zu Gott, nicht aber in der Erfahrung Gottes! *In* der Beziehung allerdings kann er »natürlichste« Erfahrungen des menschlichen Herzens als Wirkungen, als Ein-Wirken Gottes deuten und erkennen. - Das Bildwort »dunkle Nacht« - ein Begriff, der gerade mit dem Namen dieses Meisters aufs engste verbunden ist - bezeichnet jene schmerzlichen (kürzeren oder längeren) Lebensphasen, die zu diesem Eingeständnis führen, zu einer Gottesliebe, die sagt: Gott, du mein Alles, du darfst der sein, der du bist, der, der mein Verstehen und mein Fühlen übersteigt und überfordert - der nahe Gott, wenn du nahe sein willst, und der ferne Gott, wenn du fern sein willst, der immer »ganz andere«, der es wert ist, um seiner selbst willen und als der, der er in Wirklichkeit ist, gesucht und geliebt zu werden...

---

[13] Vgl. Lebendige Flamme der Liebe 4, 3-6.
[14] Herrlichkeit. Eine Theologische Ästhetik, Bd. II, Einsiedeln 1962, 489.

Johannes vom Kreuz ist ein *christlicher* Mystiker. Daß er die Bewegungen und Regungen des menschlichen Herzens in dieser Weise deuten kann, verdankt er der christlichen Offenbarung - oder ihm entsprechender formuliert: der inneren Beziehung zu Jesus Christus, dem Offenbarer Gottes. Denn das Christsein des Johannes vom Kreuz erschöpft sich nicht im Für-Wahr-Halten des Credo, es ist im Zentrum In-Beziehung-Sein zu Jesus Christus, und zwar ganz entschieden zu dem Christus, der ihm in den Evangelien als der Jesus von Nazareth begegnet. Mit gleicher Dringlichkeit und Entschiedenheit wie Teresa von Avila betont er die Notwendigkeit, sich dem *Mensch*gewordenen zuzuwenden. Denn wer das göttliche Gegenüber, der Christus meines Betens, ist - so arbeitet er klar heraus -, erkenne ich nur an Jesus von Nazareth. Im Tun und Sagen einer historisch Mensch gewordenen Person hat sich der »Charakter« Gottes offenbart. In Jesus von Nazareth kommt Gott dem Menschen entgegen, damit er ihn kennenlerne, im Erkennen lieben lerne, in ihm und in der communio mit ihm dem Reich Gottes begegne und dabei ein »anderer Christus« werde, ein Gott an der Seite Gottes. Der Prozeß der Umformung in Gott hinein wird so für Johannes vom Kreuz ein Prozeß der »Angleichung an den Geliebten«[15], an den, der - wie bereits die Väter sagen - »Mensch wurde, damit der Mensch Gott werde«. Die Mystik des hl. Johannes vom Kreuz ist im Zentrum leidenschaftliches Interesse für die historische Person Jesus von Nazareth und für seine Mystik und Freundschaft.

---

[15] Geistlicher Gesang 12, 7.

2. Konsequenzen und Leitgedanken

Auf dem Hintergrund dieses hier notwendigerweise nur knapp gefaßten Grundentwurfes der sanjuanischen Lehre vom Weg des Menschen zu seiner Vollendung ergeben sich für uns, die wir heute über Zukunft und Mystik nachdenken, eine Fülle von Konsequenzen und Leitgedanken. Einige möchte ich aufzeigen.

1. Das Wort »Mystik« bezeichnet etwas »Lebendes«: ein Beziehungsgeschehen zwischen Gott und Mensch. Erst in einem zweiten und dritten Schritt gelangt dieses Geschehen zur textlichen Darstellung, wird reflektiert und wird Lehre. Wer daher über Mystik nachdenkt und spricht, ist auf das mit »Mystik« bezeichnete Geschehen selbst verwiesen. Was die »unio mystica« und das »Vereintsein mit Gott« ist, erfahre ich nicht aus Texten, auch nicht aus den Schriften des Johannes vom Kreuz; die »dunkle Nacht« als solche gibt es weder in seinem Gedicht noch in seinem Kommentar, es gibt sie nur als lebendige, in diesem Fall äußerst schmerzliche Erfahrung. Johannes vom Kreuz selbst gibt seinen Lesern zu bedenken, daß »alles Ausgesagte weit hinter der Wirklichkeit zurückbleibt«[16]. Über Mystik kann man nicht reden und schreiben, ohne sich - bei aller Armut und Unzulänglichkeit des persönlichen Bemühens - auf sie eingelassen zu haben. Der reiche Schatz der mystischen Tradition an Beschreibungen und Reflexionen kann dann durchdenken und deuten helfen, kann aber die Erfahrung »aus erster Hand« nicht ersetzen. Dies ehrlich im Blick zu haben, wird für die Forschenden und Lehrenden in Theologie und Anthropologie geradezu zur wissenschaftlichen Redlichkeit gehören müssen, und für die

---

[16] Lebendige Flamme der Liebe, Prolog.

Verkünder und Seelsorger werden daran »Vollmacht« und Glaubwürdigkeit hängen. Mit Vehemenz plädiert Johannes vom Kreuz dafür, daß über diese Dinge schweigen und die Finger von der Seelenführung lassen sollte, wer nicht weiß, wovon er spricht.

2. Eine klare, wenn auch im Letzten nicht abgrenzende Begriffsbestimmung von »Mystik« tut heute not. Wenn wir Johannes vom Kreuz einen »Mystiker« und das, wovon er schreibt, »Mystik« nennen, dann ist Mystik weder ein außergewöhnlicher Weg zur Heiligkeit noch eine bestimmte Intensitäts- oder Qualitätsstufe des geistlichen Lebens - wiewohl es Reifungsstufen natürlich gibt, sondern (theologal, von Gott her betrachtet) das schöpferisch-vollendende Wirken Gottes am und im Menschen und (anthropologal, vom Menschen her betrachtet) das Erfahren und Mitvollziehen dieses göttlichen Wirkens. Mystik ist die personale »Innenseite« in der Beziehung zwischen dem Menschen und dem verborgen-gegenwärtigen Gott, die von Gott her immer lebendig ist und vom Menschen her unbewußt - Karl Rahner sagt: »unthematisch«[17] - erlebt oder auch bewußt, bis hin zur bewußten Lebensgemeinschaft mit Jesus Christus und dem dreifaltigen Gott, mitvollzogen werden kann. Mystik ist daher nicht ein Weg zu Gott, sondern *der* Weg in die Zukunft Gottes für seine Schöpfung.

3. Der gewöhnliche Weg zur Vollendung in Gott und zur letzten Zukunft der Menschheitsfamilie ist das Menschsein, nicht das Christsein: die unbewußt bzw. »unthematisch« bleibende Mystik, nicht die noetisch bewußt gewordene und nicht die christliche Mystik. Das konkrete geschichtliche Umfeld, in dem Johannes vom Kreuz leb-

---

[17] Grundkurs des Glaubens. Einführung in den Begriff des Christentums, Freiburg-Basel-Wien 1977, 62.

te, hat noch kaum Anlaß gegeben, über die Frage nachzudenken, wie groß der Kreis derer sei, denen die Zukunft des vollendeten Reiches Gottes verheißen ist. Seiner Aussage entsprechend, daß »Gott in jeder Seele, auch in der des größten Sünders der Welt, substantiell wohnt und wirkt« (s.o.), und dem Gesamtkonzept seiner Theologie folgend, würde er ganz gewiß seiner großen Schülerin und Interpretin in unserem Jahrhundert, der seligen Edith Stein, zustimmen. Mit dem Blick auf ihren eigenen »Umformungsprozeß« und mehr als dreißig Jahre vor »Gaudium et Spes« und »Lumen Gentium« bekennt sie: »Es hat mir immer sehr fern gelegen zu denken, daß Gottes Barmherzigkeit sich an die Grenzen der sichtbaren Kirche bindet. Gott ist die Wahrheit. Wer die Wahrheit sucht, der sucht Gott, ob es ihm klar ist oder nicht.«[18] - Ihrem Auftrag, »Licht der Welt« zu sein, wird die Kirche auf Zukunft hin mehr denn je nur gerecht werden können, wenn sie den Blick für die »mystische Innenseite« *allen* Lebens bekommt. Dann wird sie aus dem Reichtum ihres Offenbarungsgutes und aus den Erfahrungsschätzen ihrer geistlichen Tradition vielen Suchenden einen wichtigen Dienst erweisen können: Sie wird deuten und verstehen helfen, was in der Tiefe des Menschenherzens, unabhängig von Religions- und Konfessionszugehörigkeit, geschieht. Gefragt wird sie schon längst von vielen nicht nach ihrer Dogmatik, wohl aber nach den Erfahrungen und Weisungen eines Meister Eckhart, eines Ignatius, einer Teresa von Avila und eines Johannes vom Kreuz...

4. Wird der Christ der Zukunft ein Mystiker sein, wird er - wie seine Leitbilder und Wegbegleiter - nach Jesus Christus, dem *Mensch*gewordenen, fragen. Denn es wird

---

[18] Werke IX, 102.

ihm um Gott gehen, nicht mehr nur um sich selbst und um sein »Seelenheil«. Er wird fragen: »Wer bist du, Gott, wer bist du wirklich?« Und er wird sich die Antwort darauf nicht einfach »verkünden« lassen - er wird sie selbst entdecken wollen! Er wird die Begegnung mit dem Gott suchen, der ein historischer Mensch geworden ist. - Ich bin überzeugt: Johannes vom Kreuz, der die Evangelien auswendig kannte, würde mehr als eifrig alles in sich aufnehmen, was uns heute dank der Bibelwissenschaft helfen kann, noch einmal *durch die Evangelien hindurch* auf die historische Persönlichkeit Jesus von Nazareth zu schauen - und die Ergebnisse und Früchte dieses Studierens und Meditierens würde er mit Vorrang in seiner Pastoral weitervermitteln. - Wenn wir Mystiker wollen, müssen wir Jesus wollen. Wir, die wir Kirche sind, werden eine gewisse, eigenartige »Scheu« ablegen müssen, die Türen zu ihm zu öffnen. Und vorschnelle Urteile über die zunehmende Zahl derer, die heute sagen: »Kirche nein, Christus ja!« werden wir noch einmal zu überdenken haben.

5. Mystik geht ineins mit der Demut, mit der Wahrhaftigkeit im Blick auf sich selbst; und sie wird von der Aszese begleitet, dem Los-Lassen, das dem Sich-ein-lassen dient. Wenn wir Christen den reinen Überzeugungs- und Weltanschauungsglauben bewußter hin zum Begegnungs- und Beziehungsglauben überschreiten wollen, wird ein jeder von uns an der schmerzlichen Wahrnehmung nicht vorbeikommen, daß er mit einem »auf sich selbst gekrümmten Herzen« (Augustinus) lebt. Wir werden uns unserer tiefsitzenden »Fixierungen« bewußt werden müssen, die auch in der Persönlichkeit eines »geistlichen« Menschen vorhanden sind - dort geschickt getarnt in das Kleid von »Kirchlichkeit« und »Frömmigkeit«. Es sind gerade die Schriften des hl. Johannes vom Kreuz, die solche tiefliegenden Fehlhaltungen im geistlichen Leben

und ihre verborgenen Wurzeln schonungslos aufdecken. Er macht auch keinen Hehl daraus, daß er sie nicht zuletzt bei Persönlichkeiten des öffentlichen Lebens beobachtet, auch bei solchen mit großem Einfluß und in Schlüsselfunktionen von Kirche und Gesellschaft - dort oft raffiniert hinter Amt und Würde verborgen, und doch mit entstellenden, behindernden und krankmachenden Auswirkungen, nicht selten mit Auswirkungen auf Geist und Stil ganzer religiöser und apostolischer Bewegungen... - Wird der Christ der Zukunft ein Mystiker sein, wird er - gleich welchen Standes und welchen Amtes in Kirche und Gesellschaft - durch den Schmerz der Wahrheit über sich selbst gehen müssen!

6. »Christliche Mystik« meint - nach Johannes vom Kreuz - persönlich-personale Lebensgemeinschaft mit Jesus Christus, seinem Abba und seinem Parakleten. Die Nachfolge Christi eines Mystikers wächst also über die »imitatio/Nachahmung« hinaus zum »obsequium«, zur *Gefolgschaft*, wie die Ordensregel sagt, nach der Johannes vom Kreuz lebte. Alles konkrete »geistliche Tun«, vom Morgengebet bis zur Wallfahrt, will dann Ausdruck dieser Gefolgschaft, dieser Lebensgemeinschaft sein. Soll der Christ der Zukunft - und das ist ja der Christ der Gegenwart! - zur Mystik hingeführt werden, müssen wir im Hinblick darauf unsere Sicht vom religiösen Leben, unsere Frömmigkeitspraxis und geistlichen Bräuche hinterfragen! Wer sich einen Eindruck verschaffen möchte, was Johannes vom Kreuz zu heute gängigen, in der Kirche flächendeckend praktizierten Frömmigkeitsweisen und zu so manchen scheinbar »gut katholischen« Ansichten bezüglich des geistlichen Lebens sagen würde, lese den 3. Teil des Buches »Aufstieg zum Berge Karmel« und den 1. Teil der »Dunklen Nacht«.

7. Wenn wir den Christ der Zukunft als Mystiker wollen, werden wir auch dazu ja sagen müssen, wenn dieser Christ der Zukunft ein »unbequemer Zeitgenosse« sein wird, ein Gesellschafts- und ein Kirchenkritiker. Seine Hinweise werden nicht herablassend oder unter Druck setzend von »oben« kommen, nicht diffamierend von »unten«, nicht aus dem »linken« und nicht aus dem »rechten« Lager; sie kommen aus der Mitte des Glaubens, aus dem Berührtwordensein von der Wahrheit und aus der Tiefe der Liebe. Er wird die Geister scheiden, sei es gelegen oder ungelegen und ohne Ansehen der Person. Er wird wie Johannes vom Kreuz den »Unverstand« und die »Torheit mancher Leute«[19] bezüglich ihres Gebetsverständnisses und ihrer Frömmigkeitsformen seelenruhig beim Namen nennen. Er wird in leidenschaftlichen Zorn geraten über die »Vernünfteleien« in der Seelenführung, die »Christi Lehre... zuwiderlaufen«[20]. Ehrlich, aber mit fein verpackter Kritik zugleich, wird er - an die Adresse des kirchlichen Lehramtes gerichtet - sagen: »Ich unterwerfe und ergebe mich ihr (sc. der Kirche) ganz und gar, nicht nur ihren Weisungen, sondern auch allem, *worin sie mit mehr Vernunft urteilt als ich*«[21]. Und gelegentlich wird er sich - wie Johannes vom Kreuz bei der Niederschrift der Werke »Aufstieg zum Berg Karmel« und »Die dunkle Nacht«, die er unvermittelt abbricht - einfach zurückhalten, über etwas zu sprechen, was, um vom Unverstand zerpflückt zu werden, viel zu kostbar ist...

---

[19] Aufstieg zum Berg Karmel III 36, 1; vgl. ebd. I 8, 4.
[20] Lebendige Flamme der Liebe 3, 62.
[21] Aufstieg zum Berg Karmel, Prolog, 22.

Schließen möchte ich mit einer Frage, die keine rhetorische ist: Sollte man Johannes vom Kreuz den Christen als Wegbegleiter in die Zukunft empfehlen - oder doch lieber vor ihm warnen, sein »neues Denken« zumindest nicht allzu sehr publik machen?

Als Papst Pius XI. ihm 1926 den Titel »Kirchenlehrer« verlieh, hat er ihn - empfohlen.

»Die Welt steht in Flammen...«*

Als ich die Einladung zu dieser Konferenz unseres Ordens nach Irland bekam, sagten meine Mitbrüder: »Hoffentlich kommst du von dort heil zurück!« Spontan dachten sie an den Konflikt zwischen Katholiken und Protestanten in diesem Land, den auch wir im Osten Deutschlands seit vielen Jahren über die Medien verfolgten. Wohl keiner von denen, die aus allen Teilen der Welt hier in Derry/Nordirland zusammengekommen sind, wird sich in der Lage sehen, die vielschichtigen politischen, historischen, sozialen und religiösen Dimensionen dieses Konflikts einzuschätzen, noch wird einer darüber urteilen wollen. Doch wenn wir nun die Eucharistie im Gebetsanliegen »*um Frieden und Gerechtigkeit*« feiern, können und dürfen wir an diesem Spannungsfeld nicht vorbeischauen.

Beten gegen Intoleranz und Gewalt?

Was in der wechselvollen Geschichte des Nordirland-Konfliktes seit Jahrzehnten geschieht, ist freilich kein Einzelfall. In vielen Ländern der Erde stehen sich zur Stunde Menschen und Völker feindselig gegenüber, und auch Deutschland selbst ist vom Hass zwischen Deutschen und »Fremden« und zwischen Deutschen und Deutschen heimgesucht. Was Christen am meisten schmerzt und Nichtchristen den Kopf schütteln läßt, ist die Tatsache, daß in nicht wenigen dieser Konflikte reli-

---
* Predigt beim internationalen Kongreß der Exerzitienleiter des Teresianischen Karmel in Dublin u. Derry 1992.

giöse Motive im Spiel sind oder Feindseligkeiten gar »im Namen Gottes« ausgetragen werden.

»Die Welt steht in Flammen...«, schrieb Teresa von Avila vor mehr als vierhundert Jahren.[1] Es war das Jahrhundert der Eroberungen im nord- und südamerikanischen Kontinent, der protestantischen Reformation und der katholischen Gegenreform. Doch wie wahr ist ihr Wort auch heute!

Teresa macht diese Feststellung am Beginn ihres Buches »Weg der Vollkommenheit«, in welchem sie ihre Schwestern zum »inneren Beten«[2] anleitet. Von ihren Brüdern im Karmel wünschte sie nichts sehnlicher, als daß sie dieses »innere Beten« in die Welt, in die in Flammen stehende Welt hineintragen, durch die eigene Lebenspraxis und durch die geistliche Begleitung der Mitmenschen.

Was ist *»inneres Beten«*? Und warum ist es der heiligen Kirchenlehrerin so wichtig? Welche Bedeutung hat es für die in Flammen stehende Erde?

Das Stichwort »inneres Beten« - Teresa übernahm es bereits aus der geistlichen Tradition der Kirche - bezeichnet nicht eine bestimmte Gebetsform. Es umschreibt vielmehr, wie man die verschiedenartigen Gebete und Gebetsformen vollziehen sollte, oder noch entsprechender gesagt: wie der Glaube an Gott überhaupt zu leben ist. Glauben heißt für Teresa, wie schon für die Väter unseres Ordens im Karmelgebirge, nicht nur Leben mit einer christlichen Weltanschauung, nicht nur Kirchlichkeit und nicht nur Orientierung an einer christlichen Ethik. Glauben ist mehr. Glauben heißt: mit Gott als einem »Du«, also mit einem realen Gegenüber, mit einem

---
[1] Weg der Vollkommenheit 1,5.
[2] Vgl. Weg der Vollkommenheit, Kap. 19-42; Neuübersetzung dieser Kapitel: *Teresa von Avila*, Die Botschaft vom Gebet, hrsg. u. übers. v. *Reinhard Körner OCD*, Leipzig, ²1992 (Graz 1989).

zwar verborgenen, aber gegenwärtigen, real anwesenden Gott leben; nicht nur »Gott« sagen, sondern »Du, Gott« sagen; nicht nur in der »imitatio«, in der Nachahmung, sondern - wie die Regel der Karmeliten formuliert - im »obsequium«[3], in der Lebensgemeinschaft mit Jesus Christus leben; nicht nur »Gebete verrichten«, sondern betend mit Gott in Beziehung sein; nicht der »Macht des Betens«, sondern der All-Macht des liebenden Gottes vertrauen... Erst solches »innere Beten« ist »Ernstfall des Glaubens«, ist glauben, wie Jesus glauben gemeint hat. Und erst auf dem Erfahrungshintergrund solchen personalen Glaubensvollzugs enthüllen die Glaubenswahrheiten der Kirche ihre Bedeutung und die ethischen Normen des Evangeliums ihren Sinn.

Das Festhalten an einer christlichen Weltanschauung und das Befolgen christlicher Ethik allein führen schnell zur unheilvollen Ideologie, zu Dogmatismus und Moralismus, und die Folgen solcher Haltung sind bald Rechthaberei, Intoleranz gegenüber anders Denkenden und Handelnden, Verdächtigung und Bespitzelung, Verketzerung, Abgrenzung und Ausgrenzung anderer, Feindseligkeit. Die Geschichte der Kirchen, die Geschichte des christlichen Abendlandes und die Geschichte der Religionen zeigen uns zur Genüge - bis in die Gegenwart - viele Beispiele dafür.

---

[3] »Ursprüngliche« Regel des Ordens der Allerseligsten Jungfrau Maria vom Berge Karmel, gegeben vom hl. *Albertus*, Patriarch von Jerusalem, Präambel; in: Konstitutionen des Teresianischen Karmel, München 1989, 2.

Mystik - um der Zukunft willen

Karl Rahner hat bereits in den Jahren des Konzils gesagt: »Der Christ der Zukunft wird ein Mystiker sein, einer, der (mit Gott) etwas erfahren hat, oder er wir nicht sein!«[4] Ein »*Mystiker*« - das ist nach der geistlichen Tradition des Karmel und nach den besten Traditionen des Christentums und vieler Religionen *ein Mensch, der mit dem Gott lebt, an den er glaubt*. Der Mystiker sagt »Du« zu Gott, und in dieser persönlich-personalen Beziehung zu ihm wird er offen für ihn, für den immer größeren, in theologische Begrifflichkeit nicht abgrenzbaren Gott; ohne die eigene christliche Identität aufzugeben, erkennt er in allen Menschen dieser Erde Gottes Söhne und Töchter, auf welchen Wegen der Konfession, der Religion und der Weltanschauungen auch immer sie ihn suchen; er weiß - aus der Erfahrung, die er in der Lebensgemeinschaft mit ihm macht! -, daß Gott in jedem Menschen anwesend ist und wirkt, auch - wie Johannes vom Kreuz sagt - »im größten Sünder der Welt«[5].

Teresa wußte, warum sie einer in Flammen stehenden Welt das »innere Beten«, die mystische Dimension des Glaubens, ans Herz legte. Weil wir zu wenig auf sie und ihresgleichen hörten, wenden sich nicht nur seit nun schon einem ganzen Jahrhundert Menschen vom eng- und angstmachenden Dogmatismus und einem bevormundend und weltfern wirkenden Moralismus ab - wir legen auch, gewiß ungewollt, immer neu den Keim für Intoleranz und Feindseligkeit in unsere Welt.

»Die Gesundheit der Seele ist die Liebe zu Gott«, schreibt Johannes vom Kreuz.[6] Die *Gesundheit der Seele* - das ist auch die Gesundheit unserer menschlichen Bezie-

---

[4] Schriften zur Theologie, Bd. 7 (1966), 22.
[5] Aufstieg zum Berg Karmel II 5,3.
[6] Dunkle Nacht II 16,10.

hungen, die Gesundheit der Kirche, die Gesundheit der Gesellschaft und die Gesundheit der Völker. Und die *Liebe zu Gott* - das ist die *Lebensgemeinschaft* mit ihm, die weit über die Grenzen von Glaubensüberzeugungen und Orientierung an christlicher Ethik hinausgeht...

Die Welt ist es wert, ein Mystiker, ein Mensch zu sein, der - in aller Armseligkeit - mit dem Gott zu leben versucht, den wir in Jesus Christus kennengelernt haben.